阅读即行动

文化之用

从启蒙运动到反恐战争

TERRY
EAGLETON

Culture and the Death of God

上海文艺出版社
Shanghai Literature & Art Publishing House

[英] 特里 · 伊格尔顿 著　　宋政超 译

图书在版编目（CIP）数据

文化之用：从启蒙运动到反恐战争 /（英）特里·伊格尔顿著；宋政超译 .— 上海：上海文艺出版社，2023.
ISBN 978-7-5321-8674-7

Ⅰ . ①文… Ⅱ . ①特… ②宋… Ⅲ . ①哲学理论—理论研究 Ⅳ . ① B0

中国国家版本馆 CIP 数据核字（2023）第 019640 号

文化之用：从启蒙运动到反恐战争
［英］特里·伊格尔顿 著　宋政超 译

发 行 人　毕　胜
出版统筹　杨全强　杨芳州
责任编辑　肖海鸥
特约编辑　金　林
封面设计　彭振威
出　　版　上海世纪出版集团　上海文艺出版社
地　　址　上海闵行区号景路 159 弄 A 座 2 楼　201101
发　　行　上海文艺出版社发行中心
　　　　　上海闵行区号景路 159 弄 A 座 2 楼 206 室　201101
印　　刷　苏州市越洋印刷有限公司
开　　本　1092 × 787　1/32
印　　张　8.75
插　　页　2
字　　数　180,000
版　　次　2023 年 7 月第 1 版　2023 年 7 月第 1 次印刷
书　　号　ISBN 978-7-5321-8674-7/G.381
定　　价　62.00 元

目录

1　前　言

5　第一章　启蒙运动的局限

55　第二章　唯心主义者

113　第三章　浪漫主义者

142　第四章　文化的危机

179　第五章　上帝之死

205　第六章　现代主义及其后

242　索　引

前　言 viii

认为宗教无聊透顶、不值一提或者令人不快的人们不必被这本书的目录赶走。这本书与其说是在谈上帝，不如说是在探讨由于上帝的明显缺位而引发的危机。循着这个主题，本书的探讨始于启蒙运动而终于伊斯兰原教旨主义的兴起和所谓的反恐战争。我自上帝如何在18世纪的理性主义中幸存而展开论述，以他惊人地重临于我们自认信仰缺失的时代作结。除此之外，我的论述关注这一事实：无神论绝非它看上去那么简单。

宗教已经成为政治主权合法化最有力的途径之一。诚然，使宗教沦落到这样的功能是荒谬的。如果说它为权力提供了怯懦的辩护，它有时也让权力头疼。然而上帝在维护政治权威中扮演了如此至关重要的角色，以至于即便那些完全不信神的人也无法平和地接受上帝在这个世俗时代影响力的减弱。因此从启蒙理性到现代派艺术，这些现象整体上承担了提供

ix 超验的替代形式的任务，填补上帝曾出现过而留下的空洞。我的部分观点就是文化（就其广义而非狭义角度而言）是这些替代者之中最能随机应变的。

所有这些补缺者都还有其他任务在身。它们不仅是神的替代形式。宗教并非仅仅由于采取了若干巧妙的伪装而生存了下来，正如它也没有被世俗化所彻底改造。尽管事实上艺术、理性、文化等都有自己繁荣的生命，它们仍然不时地被迫承担起意识形态责任，对此它们总是被证明无法胜任。在我的论述之中这些上帝的代表没有一个能够证明是可信的。全能的神已经被证明极其难以取代。事实上，这或许是本书的论述之中最为不同凡响之处。一次又一次，至少直到后现代主义出现都可证明——它看似真正的无神论实则并非如此。

我在讨论中反复强调的另一点是宗教具有的将理论与实践、精英与大众、精神与感觉相结合的能力。对此，文化永远难以匹敌。这就是宗教可轻松被证明是最顽强和最普遍的流行文化形式的原因之一，虽然你翻阅一下大学文化研究方面的招生简介看不出这一点。“宗教”这个词总是会在提出“我们必须保护精英文化的价值不受大众文化玷污熏染”这个命题的著作中突然出现。几乎所有当代文化理论家都对亿万普通男女的某些最重要的信仰以及活动避口不谈，仅仅由于这些恰好不符合他们的个人口味。他们中的大多数同时还是最激烈的反歧视者。

本书脱胎自我在诺丁汉大学 2012 年的弗斯演讲，我想感谢项目的组织者托马斯·欧洛克林教授，他是这么亲切而高效的主办者。同样非常感谢约翰和埃里森·米尔班克在我逗留诺丁汉期间所给予的友谊与殷勤帮助。皮特·迪尤斯和保罗·汉密尔顿阅读了打印稿并且以他们娴熟的洞察力和敏锐的感知力提供了有益的建议。

特里·伊格尔顿

第一章　启蒙运动的局限

社会并不是在全面摒弃宗教之时才变得世俗化的，而是在其不再特别被宗教所煽动之时。[1] 在 2011 年英国的一项调查中，61% 的调查对象声称有宗教信仰，但其中仅有 29% 的人表示自己是虔诚的。大概他们是想表达他们隶属于某个宗教团体然而并没有多热心。像那句俏皮话说的，当宗教开始干涉你的日常生活时，你就该放弃它了。在这方面它与酒精依赖极为相似。另一个世俗化的指标是宗教信仰在政治领域不再利害攸关，而不仅仅是去教堂礼拜的人数直线下降或者

[1] 关于世俗化的社会学研究并非我在本书中所关注的问题之一。关于这个主题近期有益的研究，见 Talal Asad, *Formations of the Secular: Christianity, Islam, Modernity* (Stanford, 2003), Vincent P. Pecora, *Secularisation and Cultural Criticism: Religion, Nation, and Modernity* (Chicago and London, 2006), Charles Taylor, *A Secular Age* (Cambridge, Mass. and London, 2007), Steven D. Smith, *The Disenchantment of Secular Discourse* (Cambridge, Mass., 2010), 以及 Bryan S. Turner, *Religion and Modern Society: Citizenship, Secularisation, and the State* (Cambridge, 2011)。

罗马天主教徒难以解释的后继无人。这并不必然意味着宗教在形式上的私人化，与政治国家的分离；哪怕如此，宗教实际上还是被从公共事务中剔除并萎缩成一种私人消遣，类同饲养沙鼠或者收集瓷器，在公共世界中获得的共鸣越来越少。在哀伤的情绪中，马克斯·韦伯意识到了在现代，“终极而最为崇高的价值已经退出了公共生活，要么进入神秘生活的超
2 验领域，要么进入个体之间直接的人际关系的友爱之中”。[1]
就好像上帝的王国让位给布鲁姆斯伯里集团（Bloomsbury Group）了似的。

在此意义上，宗教追随着艺术与性的脚步，后两者可以被看作象征领域的两个重要组成。随着现代社会的到来，它们也从公共事务转向私人化。曾歌颂上帝，奉承赞助人，娱乐君主或是庆祝部族军事功绩的艺术在今天极大程度上成为了一种个人的自我表达。就算未被束之高阁，它活跃的领域却也不再特别集中于宫廷、教会、宅邸以及公共广场等。与此同时，新教徒在个人生活最为内在的隐秘之处找寻到了上帝。当充当了主教角色的艺术家们不再可能被处绞刑之时，我们就能够确知现代性来临了。他们已然无足轻重。1688 年后的英格兰，政教问题得以如此解决，即宗教辩论在很大程度上无需担心政治诘难或者丧失人身自由。在巴黎被认为是

---

[1] Max Weber，‘Science as a Vocation’, 见 H.H. Gerth and C. Wright Mills (eds), *From Max Weber: Essays in Sociology* (New York, 1946), p. 155。

具有煽动性的思想在伦敦则可以自由散播。宗教热忱对国家根基并不会构成什么挑战。“别过分”（Pas de zèle）是当时的口号。宗教怀疑论者并不倾向于行叛逆之事。因此英格兰启蒙运动引人注目的和平形象，就这样在社会和政治构建之中大体上维持着安适的姿态。

从哲学角度来讲，它发生的时代背景是经验主义的而不
是理性主义的，是洛克式的而非斯宾诺莎式的。当被称作光
荣革命的主流文化向前者取经之时，激进的、半地下式的启
蒙运动却从后者寻求着自己的灵感。对像夏夫兹伯里伯爵这
样的辉格党贵族来说，神实质上是一位英国绅士。他当然不 3
是那个被 17 世纪的大声吵嚷的平民宣之于口的，以某位评论
者所言的“狂热型精神变态”进行崇拜的坏脾气怪老头。[1]“他
们只愿称异教徒为道德沦丧者”，伏尔泰对英国的考察如是
说。[2] 今天的英国怀有同样的对宗教狂热的羞怯情绪。人们不
会指望女王的牧师去查明自己是否已经被羔羊血所洗。

确切而言，象征领域的私人化是相对的，尤其是想到维多利亚时代关于科学与宗教、文化工业、国家对性的管理等等的争论。今天，对宗教已经从公共生活中消失这个观点最明确的反驳之一即是我们所知的美国。晚期现代性（或后现

---

[1]　Frank E. Manuel, *The Changing of the Gods* (Hanover and London, 1983), p. 51.

[2]　引述自 James Byrne, *Glory, Jest and Riddle: Religious Thought in the Enlightenment* (London, 1966), p. 34。

代，如果有人更愿意这么讲）将这些象征实践中的一部分重新划归大众所有。这里面就包括了宗教，它以各种各样的奋兴运动和原教旨主义的面目再一次成为值得注意的政治力量。审美也同样从社会边缘被召回并将自己的影响范围扩大到了日常生活之上。性别也重新变得政治化，尤其表现为女权运动以及激进的性少数群体的兴起。高度现代性（High modernity），相比之下，则是以符号化和政治经济学的诀别为特征的，它在解放符号活动并且赋予其新的可能性的同时也将它们边缘化了。因而失去和收获便同时发生了。如果风纪警察不再冲破你卧室的门，在一定程度上是因为性的问题在个人主义的文化中除了你自己之外与他人无涉。

4 18 世纪发生于法国、德国、荷兰以及欧洲大陆其他区域的启蒙运动确实为宗教信仰问题而焦虑不安。[1] 毕竟，它是前几个世纪导致整个欧洲大陆四分五裂、血流成河的残忍的宗教冲突转为较为平和手段的延续。此时它是信仰与理性的冲突而不是天主教和新教的对抗，是论辩而不再是激战。虽然启蒙运动专注于科学、自然、理性、进步以及社会改造，其最核心的、激起无尽怨恨与道德愤慨的却是宗教，这也是思想史上的老生常谈了。乔纳森·伊斯雷尔主张启蒙运动“在其

[1] 关于宗教在启蒙运动中的重要性，参阅 P. Harrison, *'Religion' and the Religions in the English Enlightenment* (Cambridge, 1990), 以及 P.A. Byrne, *Natural Religion and the Nature of Religion: The Legacy of Deism* (London, 1989)。

前一个半世纪的历史中主要关心的问题与最显见的主题就是与教会权威、神学世界观以及被看作是社会和政治组织与压迫手段的宗教的无休止的斗争”[1]。弗兰克·曼纽尔认为“同时出于笃信与非信，启蒙时期的人们总是因作为人类本性探索活动的宗教而焦虑异常”[2]。J. G. 科廷厄姆坚持“启蒙运动的连贯性和信心都有赖于宗教基础”[3]。历史无一不表现为世俗与渴求权力的神权阶层的斗争。黑格尔在《精神现象学》中提到启蒙运动不变的主题就是与宗教的抗争——虽然他同时也强调了由于宗教信仰总是被简化为一种理论知识或者关于神的学问而被置于命题的（propositional）地位，它也就同围攻它的理性主义一样步履维艰。我们将在后面的章节中回到这个主题。

乔纳森·伊斯雷尔在他对激进启蒙运动的权威性注解中 5
评述“神学辩论是早期启蒙运动的核心”。他认为：“既非科
学……也非地理大发现，甚至并非哲学，而是新旧神学术语
之间难以调和的困境，最终在 1740 年代，构建一个新的涵盖

[1] Jonathan I. Israel, *Enlightenment Contested: Philosophy, Modernity, and the Emancipation of Man 1670–1752* (Oxford, 2006), p. 102.

[2] Manuel, *The Changing of the Gods*, p. xii. 能够克服其绚丽形式的人还能够在 Paul Hazard, *European Thought in the Eighteenth Century* (Harmondsworth, 1954) 中发现一些洞见。Frank E. Manuel (ed.), *The Enlightenment* (New York, 1965) 一书包含了主要启蒙运动人物的经典文本。

[3] J.G. Cottingham et al.(eds), *The Philosophical Writings of Descartes* (Cambridge, 1985), vol. 2, p. 19.

神学、哲学、政治学以及科学的大一统学说的所有努力均宣告失败，动摇了宗教信仰和价值，引发了推动现代西方世俗化的规模空前的信仰危机。”[1] 伊斯雷尔指出这一精神危机完全生根于物质史——17 世纪末 18 世纪初欧洲的商业主义和帝国主义扩张，迅速增长的国际性垄断集团，大迁徙导致的错位效应，新型的社会流动性与多样性，新技术的影响，传统社会阶层以及与之伴生的符号系统的部分解体等等。

启蒙运动或许被困于信仰问题之中，但却并非是特别反宗教的。恩斯特·卡西尔写道：“我们很难讲启蒙时代基本上是一个无宗教的或者抵触宗教的时代……它的根本目的（特别是德国启蒙运动）并非瓦解宗教而是瓦解它‘超验的’正当性及其基础。”[2] 我们应该还记得“无神论”一词直到 16 世纪才出现在现代欧洲的语汇之中，并且此后很长一段时间它都被质疑是否真正站得住脚。正如马尔科姆·布尔挖苦的那样：“无神论一边到处被人抨击，一边又被认定并不存
6 在。”[3]（除此之外，有人可能会指出，1666 年的下议院会把托马斯·霍布斯的无神论作为导致伦敦的大火与瘟疫的原因之

---

[1] Israel, *Enlightenment Contested*, p.65. 其他评论家可能会对伊斯雷尔这里的某些设想提出质疑。

[2] Ernst Cassirer, *The Philosophy of the Enlightenment* (Princeton, NJ, 1951), pp. 135, 136. 同时可参阅 Alistair E. McGrath: ‘The strongest intellectual forces of the German Enlightenment were ... directed towards the reshaping, rather than the rejection, of the Christian faith’ (*The Blackwell Companion to the Enlightenment*, Oxford, 1991, p. 448)。

[3] Malcolm Bull, *Anti-Nietzsche* (London, 2011), p. 8.

一。[1]）众多被教会抨击甚至处以火刑的所谓无神论者其实并非不敬神。正如布尔注意到的，第一批可谓无可争议的无神论者是在“无神论”这一词汇诞生一个世纪之后才登上历史舞台的，并且直到18世纪“无神论”才成为一个常见词。他指出，无神论的出现早于无神论者，正如无政府主义观念早于现实生活中的无政府主义者，虚无主义的出现也早于虚无主义者的出现。

如果启蒙运动像其现代的卫道士们所假设的那样，采取了一种富有攻击性的世俗化运动的形式，本身就是不可思议的。谈到宗教，大量大胆的思想方案使得我们回落到距离原点不远之处，只是饰以新的、看似更可信的理论依据。任务也并非是推翻最高的存在，而是要用可以使河岸街咖啡馆里的谈话变得优雅的宗教信仰取代那个愚昧的版本。很大程度上，这些运动关注的与其说是神，不如说是神职人员。[2]对基督教的激烈反对说到底是与教会的政治角色的抗争。[3]确实，皮特·哈里森主张那个作为一种社会实践制度的宗教概念其实是启蒙运动的产物。传统上，特别是中世纪，相关的术语是

---

[1] 参阅 Ellen Meiksins Wood, *Liberty and Property* (London, 2012), p. 242。

[2] 我在这里使用“运动”这一术语是有几分疑虑的。目前较明智的观点是认为启蒙运动实际上是一系列时而相互矛盾的民族的、政治的、思想的潮流。Ann Thomason 在她的 *Bodies of Thought* (Oxford, 2008) 中论证了启蒙运动的多元化，是关于这一时期的活力论者的唯物主义的有趣研究。

[3] 参阅 J. A. I. Champion, *The Pillars of Priestcraft Shaken: The Church of England and its Enemies, 1660–1730* (Cambridge, 1992), p. 9。

“信仰”而非“宗教”。我们所指称的宗教概念，是在一个制度性探究的脉络中出现的。它是一个可以从外部进行科学调查以及比较性研究的社会学现象（对宗教的比较性研究是启
7 蒙运动思想的核心）。[1] 这一术语审慎地维持着一臂之隔。从这个意义上讲，现代宗教概念与对其历史起源和影响的理性研究是相伴而生的。

大多数启蒙运动者视之为标靶的正是这种制度意义上的宗教。这些人之中只有极少数是彻底的无神论者也就并不奇怪了。若事实并非如此，那么就会如大批著名的欧洲知识分子今日被证明是托洛茨基主义者一样使人震惊。事实上在知识分子之中的确有一部分无信仰者。戈德温、霍尔巴赫、爱尔维修、狄德罗、拉美特利、孟德斯鸠、本杰明·富兰克林（或者）还有休谟正是例证。然而许多其他的思想家却并不是如此确定信仰的空虚性。如果霍尔巴赫们将宗教视作癫狂或者传染性疫病，其他人则会强调其公民必要性（civic necessity），或者是它的慈悲。这种自发的无神论是典型的由启蒙运动催生的自然主义社会秩序，而非运动本身。将普通

[1] 启蒙运动的普遍主义绝非全盘地无视文化差异之现实。孟德斯鸠的《论法的精神》将一定程度的文化多元论结合进普遍历史，赫尔德更是如此。航海、贸易、探险和殖民主义是 18 世纪欧洲全球范围的各个方面，以明显优越可行的秩序使得普遍理性直面各种相异的文化，也因此在（帝国）时代有摧毁它需维护之设想的威胁。斯威夫特的《格列佛游记》正是一部启蒙运动内在批判的著作，其不无讽刺地思虑了这些要素。

民众考虑在内的话，世界上必然是绝大多数人都相信天使的存在而鲜有人信奉无神论。（然而，随着 18 世纪的临近，迷信巫术的人是越来越少了。）普遍性的信仰缺失的确紧随着启蒙运动的兴起，但后者并非前者的主要原因。这种怀疑论的基础取决于社会条件。正如我们将会看到的那样，现代社会本质上就是无信仰的。起决定作用的是具体表现于每个人日常生活实践中的信仰坚定与否，而非大主教或者好战的世俗科学家们争辩的内容。吕西安·戈德曼认为中产阶级首登历史舞台展现的“并不仅仅是一个普遍缺失信仰的阶级，而
是不论其形式上的宗教信仰如何，在某些关键领域（例如经 8
济）中的行动和思维是根本上非宗教化的，与圣性范畴格格不入”[1]。

正如尼采所指出的，中产阶级社会成功冠宗教以恶名，尽管他们本不想如此。在此方面，科学、技术、教育、社会流动性、市场作用以及其他许多世俗因素扮演了比孟德斯鸠或者狄德罗更为重要的角色。那些哲学家们本身则普遍意识不到这一情况，他们往往把自己反对神权斗争的失败归咎于神职人员被赋予的权益和下层人民（*canaille*）的无知，而不是长久的生活模式之中深深嵌入的虔敬与教条靠一点动人的辩论并不能被根除这一事实。在反对教会的运动中，启蒙运动被自己天真的理性主义信仰即人类必须依靠理念（ideas）

[1] Lucien Goldmann, *The Philosophy of the Enlightenment* (London, 1973), p. 55.

生存这个观点所阻碍了。阻碍它的因素还包括有助于世俗主义的社会力量也都尚处于发展的初级阶段。

虽然理念并未能独力改写历史，却也仍然对那个时代产生了一些令人瞩目的社会影响。乔纳森·伊斯雷尔写道，"1650 年到 1750 年间，西欧和美国对世俗化、宽容、平等、民主、个人自由和言论自由的追求主要归功于'哲学'及其在政治和社会领域的广泛传播。"[1] 他认为，这些理念孕育了新的激发大众去反对权威、反对传统的叛逆性的修辞。启蒙运动是政治文化而不仅仅是一系列哲学文本。作为不敬上帝的反社会典型，令人畏惧的斯宾诺莎受到的称赞或者贬斥都早
9 已不仅仅限于学术圈。这场运动或许未能成功根除宗教信仰，甚至它本就无意如此，但其绝不仅仅是一帮持不同政见的知识分子组成的小团体。

大多数理性（Reason）的狂热信徒依然保持着某种宗教信仰。牛顿和约瑟夫·普利斯特利是基督徒，洛克、夏夫兹伯里、伏尔泰、廷德尔、托兰德、潘恩和杰弗逊是自然神论者（Deists）。苏格兰启蒙运动很大程度上既是反无神论的也是反对唯物主义的。[2] 卢梭是有神论者。至于吉本，尽管其宗教怀疑论众所周知，也坚持宗教的某些部分于社会生活而言还是具有生产力的，尤其是在与像雅各宾党人那样不信神的人的

---

[1] Israel, *Enlightenment Contested*, p. 669.

[2] 参阅 Jonathan Israel, *A Revolution of the Mind* (Princeton and Oxford, 2010), p. 177。

战斗中充当了堡垒作用。甚至据传说他在生命的最后阶段又重新皈依了宗教。[1]赫尔德虽然是个牧师，但拒斥私人化的上帝这一观念，同时他还算得上是一个游走于超自然主义和唯物主义之间的斯宾诺莎主义者。即便如此，他依然认为宗教处于文化的核心位置。[2]皮埃尔·贝尔在他批判歧视、迷信和教会专制的著作《历史与批判辞典》中将现存宗教视作精神疾病，并且相信“野蛮人的恐惧和古代异教同样也属于精神疾病”[3]。然而他却承认上帝的存在。康德，这位最伟大的启蒙思想家，也绝非宗教的反对者。

启蒙运动力图在理性的基础上重塑道德，但是就像阿拉
斯代尔·麦金泰尔指出的，这些被质疑的道德律令大部分依
然来自基督教。[4]强硬的启蒙思想批评家约翰·格雷评论说在
尼采眼中“理性主义道德重构支持下的价值观的统一也不过
是洒在缓慢消退的基督教超验（原文如此）信仰之上的长长
幽影”[5]。这些理性主义道德观念保留了基督教道德教义中普遍 10
性、基础性的特色，以及对绝对真理和最高权威的憧憬。如
格雷所理解的，尼采认为上帝在世俗社会对其明显的暗杀中

[1] 参阅 Patricia B. Craddock, *Edward Gibbon: Luminous Historian* (Baltimore and London, 1989), p. 61, n. 3。

[2] 参阅 Frederick C. Beiser, *The Fate of Reason* (Cambridge, Mass., 1987), Ch. 3。

[3] Frank E. Manuel, *The Eighteenth Century Confronts the Gods* (Cambridge, Mass., 1959), p. 81.

[4] 参阅 Alasdair MacIntyre, *After Virtue* (London, 1981), p. 38。

[5] John Gray, *Enlightenment's Wake* (London, 1995), pp. 162–3.

存活了下来。他藏身于各种化名之中，其中之一就是道德。

同样，弗里德里希·雅可比也承认启蒙运动的理性概念有其历史渊源，其中就包括正是它所要挑战的基督教的因素。我们同时代的尤尔根·哈贝马斯也断言对自由、自主(autonomy)、平等主义和普遍权利的追求源出于犹太正义伦理和基督教爱的伦理。[1]自主或许是珍贵的现代价值，但是也仍然有宝贵的神学血统，因为上帝自身历来被视作纯粹的自我决定（self-determination）。早至古代斯多葛学派就已注意到理性自主和神性自足两者之间的平行关系。“让理性探寻外在的事物，”塞内加要求，“……然后让其回归它自身。对拥有世界以及主宰宇宙的上帝来说也是如此，向外探寻进入外部事物再从各个方面撤回，回退进自身。”[2]

戈特霍尔德·莱辛与许多其他学者一样，坚持主张理性(Reason）与启示（revelation）的结合。未来的福音书将会以理性为基础，但是可以通过《新约》和《旧约》来提前窥探其略为粗糙和原始的形式。[3]即便如此，莱辛仍然算是基督徒，并且相当宽厚地将宗教视作自我的内心确证而非理性的可能

---

[1] 参阅 Jürgen Habermas, *Religion and Rationality: Essays on Reason, God and Modernity* (Cambridge, Mass., 2002)。

[2] Seneca, ‘On the Happy Life’, in *Moral Essays* vol. 2 (Cambridge, Mass. and London, 2006), p. 119.

[3] Gotthold Ephraim Lessing, *The Education of the Human Race* (London, 1872), p. 32.

性论证。[1] 大批思想家鼓吹自然宗教的德行，与之相比基督教仅仅是一个略显冗余的表达。正如某位评论家挖苦说，这些
思想家正是“相信基督教是正确的，因为它是多余的”[2]。尤其 11
是那些自然神论者更是不愿过多关注那个生活在 1 世纪地球某个角落的邋遢的犹太平民说的话。J. G. 费希特承袭了这一偏见。马修 · 廷德尔最知名的研究的题目，《基督教与创世同龄》，看似是对基督教的主张的扩展但实质是对其的贬抑。基督教教义不过就是通向理性之光的某些人类永恒真理的一个版本罢了。舍伯里的爱德华 · 赫伯特确信摩西十诫能够从理性原则中被推导出来。

文雅的 18 世纪社会认为这种失去权势（toothless）的基督教比上个世纪那些宗派仇恨要可取得多——被一位 17 世纪的批评家描述为“公开的放荡主义、隐秘的无神论、大胆的阿民念主义、鲁莽的苏西尼主义、愚蠢的再洗礼运动的浪潮初涨”[3]。夏夫兹伯里伯爵为自己所谓“宗教上的自满、合群和幽默感”进行辩护，这可一点儿也不合奥利弗 · 克伦威尔的口味。[4] 大卫 · 休谟，可能是一位无神论者或者不坚定的自然神

[1]　关于莱辛的一个有启发性的讨论，参阅 Barbara Fischer and Thomas C. Fox (eds), *A Companion to the Works of Gotthold Ephraim Lessing* (Rochester, NY, 2005)。

[2]　Henry E. Allison, *Lessing and the Enlightenment* (Ann Arbor, 1966), p. 16.

[3]　引述自 David Cressy, *England on the Edge: Crisis and Revolution 1640–1642* (Oxford, 2006), p. 219。

[4]　引述 Lawrence E. Klein, *Shaftesbury and the Culture of Politeness* (Cambridge, 1994), p. 158。

论者以及确定无疑的纯正的自然主义者，甚至拒绝完全人类
学版本的宗教。他对理性具备的资源并无信心，认为它无力
突破形而上学神话。[1] 如果理性在休谟的眼中都无法作出对因
果关系的滴水不漏的解释，那么也就更无可能弄清楚大天使
加百利了。知识无法触及信仰的对象，尤其在休谟看来知识
本身就是一种信仰。它是习惯和风俗的产物。同样的，道德
12 也只是一套人类的发明，是没有形而上学基础的。休谟还训
斥自然宗教假定存在共同的人类本性。至少在这方面，理性
主义的质疑并不充分。

* * *

就这样，启蒙运动对宗教的攻击实质上是政治上的而非神学上的。总的来说，运动并非要用自然取代超自然，而是将一个残暴、愚昧的信仰替换成一个理智、文明的信仰。让这群作为新兴中产阶级代表的学者最为反感的是神权与王权卑鄙地结合在一起，借助教会的力量神化法国大革命前的社会政治制度。他们中的一些人还称不上是现代意义上的哲学家而应该算是某种意识形态的拥护者或者说是聪明的煽动者。他们是公共知识分子而非修道院里的学者。为了让他们宣传

---

[1] 参阅 David Hume, *Dialogues Concerning Natural Religion and The Natural History of Religion* (Oxford, 1993)。

的理性观念能够纤尘不染，他们投入了极大的热忱。激励他
们前进的驱动力既是思辨的又是实践的。他们所设想的都是
培根式的对知识与力量的运用方案，将科学理性的发现服务
于社会变革与人类解放。启蒙运动的布道者们当然可以将理
性视作崇高，但是他们加诸于理性的烙印却往往是务实且乏
味的。理性的自主并非在于它可以免受世俗的干扰，而在于
它可以从邪恶的特权阶级中脱罪。连认识论都能被硬塞进人
类福祉的原由。约翰·洛克的学说认为心灵本身最初是一块
白板，这一学说可以用来驱逐原罪的幽灵，因此反对人性先 13
天的堕落而乐观地相信社会塑造的力量能够使人变得有德行。
基督徒眼中的原罪在自然神论者看来只是过失罢了。

同样，不同于讲道德沦丧的基督教教义，启蒙运动对人性有着更为普遍积极的评价，这种观点就和认为启蒙运动激烈地反对宗教一样都是虚构的。确实有些启蒙思想家对人类堕落的说法不以为然。弗兰西斯·哈奇森，作为一名长老会（Presbyterian）牧师，宣称人类的内心显露出“对善良、温柔、仁慈、慷慨的普遍向往，以及对个人利益的轻视”的强烈偏好。[1] 然而斯威夫特和吉本将这种观点视作感伤主义者的幻想。亨利·菲尔丁认为当人类表现得有德行时，他们是自

[1] Francis Hutcheson, *Inquiry Concerning the Origin of our Idea of Beauty and Virtue* (London, 1726), p. 257. Hutcheson 是公认的自由主义或“新光”派的长老会成员。

然而自发地去这么做，但即便如此美德依然非常稀缺。善良是我们的自然状态，但我们中的大多数人是非自然的。伊曼努尔·康德笃信进步，但是对自己的同类却不太有信心。大卫·辛普森认为康德关于历史与社会的著述透露出与叔本华而非其他康德继承者的精神更为切近的悲观情绪，这一评价是非常中肯的。[1] 在《单纯理性限度内的宗教》中，康德谈到作恶的倾向对人性来说是自然的。[2]

那些坚持人（Man）天性友善、公道、慈爱、和蔼之类上流社会信条的自然神论者在启蒙思想家中形成了小圈子，菲尔丁以《汤姆·琼斯》中方正先生这一形象无情地取笑了他们。并非所有的启蒙思想家都明确认可进步的观点——“暗淡的灯塔”，就像波德莱尔其后如此称呼它，“没有上帝或者
14 自然的许可——这束现代性的灯光就给知识所有的对象投下了阴影。”[3] 他认为“这是一个在现代的沾沾自喜腐败土壤之上繁盛起来的奇怪理念”[4]。某些启蒙思想家的确相信人类有变完美的可能，他们坚信未来必将是幸福的。戈德温、杜尔哥、孔多塞就是他们之中的代表人物。约瑟夫·普利斯特利认

---

[1] David Simpson, *German Aesthetic and Literary Criticism* (Cambridge, 1984), p. 161. 关于叔本华的悲观主义参阅 Terry Eagleton, *The Ideology of the Aesthetic* (Oxford, 1990), Ch. 6。

[2] 参阅 Immanuel Kant, *Religion within the Limits of Reason Alone* (New York, 1960), p. 32。

[3] 引述自 Antoine Compagnon, *The Five Paradoxes of Modernity* (New York, 1994), p. 9。

[4] 引述自 Michael Lowy, *Redemption and Utopia* (London, 1992), p. 112。

为人类最终的情形必将是“荣耀而愉悦的”，对于一个大半生都生活在伯明翰的人来说这个信仰难能可贵。[1] 孔多塞宣扬普选、妇女平权、非暴力政治改革、所有人平等接受教育、言论自由、福利国家、殖民地解放、宗教宽容以及推翻专制独裁的益处，他也相信人类的无限完善。[2] 他一边描绘自己关于人类乌托邦的伟大构想一边从实际创建这个乌托邦的雅各宾党人那里逃亡，这称得上是思想史上难得的讽刺。还有些人认为罪恶并非人类堕落的结果而是观察者的鼠目寸光。只要从宇宙的大背景下观察，就会认识到恶的必要性。曼德维尔、斯宾诺莎、亚历山大·蒲柏、亚当·斯密等作家承认自利的力量，但是将其视作实现公共利益的漫长征途中必不可少的部分。神义论（theodicy），或者说为邪恶的辩护，是启蒙运动所不愿割舍的众多神学思想源流之一。达尔文主义在清晰的秩序中看到随机性，启蒙运动则相反。

然而其他人则没有那么笃信人性的完善，因此与正教的关系也就没有那么不和睦。它在18世纪的英国思想家那里不是常见的信仰。并非所有的启蒙思想家都是恋未来癖（fetishists of the future）。伏尔泰认为历史只有野蛮。它是一部 15

[1] Joseph Priestley, *An Essay on the First Principles of Government* (London, 1771), p. 5. 关于这个不朽人物的令人印象深刻的综合性传记，参阅 Robert E. Schofield, *The Enlightenment of Joseph Priestley* (University Park, Pa. 1997)。

[2] 参阅 Antoine-Nicolas de Condorcet, *Sketch for a Historical Picture of the Progress of the Human Mind* (London, 1955), Ch. 10。

富人压榨穷人血汗致富的发家史。亚当·弗格森对人类历史也持相似的冷酷观点。霍尔巴赫和狄德罗都否定人性天生具有完善的可能。体现了莱布尼茨式的仁慈宇宙观的亚历山大·蒲柏的《人论》明显是非典型的英国文学。乔纳森·斯威夫特对这种被准确地称为宇宙托利主义（cosmic Toryism）的观点作出了回应，告诉蒲柏他不自知地深陷于形而上学之中了。这可不是一种恭维。斯威夫特自己也在某些评述中被描述为不相信理性的理性主义者。西格蒙德·弗洛伊德也可能会被这么评价。塞缪尔·约翰逊认为历史是倒退而非进步，所有的变化都是重大的罪恶。正是英国产生了这个时期极少的伟大悲剧故事之一，塞缪尔·理查逊的小说《克拉丽莎》。

对休谟和吉本来说，文明是被围困于非理性力量和统治的热情之间的脆弱现象。虽然他们都对自己所处的文明环境感到相当满意，但也没能削弱这种焦虑。古罗马都能灭亡，现代欧洲怎么就不会呢？无论是什么推动了历史进程，都显然不会是理性。的确，理性在吉本看来通常是指合理化，从弗洛伊德的角度来看就是给不光彩的动机饰以看似有理的说辞。出于同样阴郁的情绪，康德认为人类的思考过程内在地具有一种自负的冲动。[1] 民族主义、历史决定论、文化主义和浪漫主义的伟大奠基者之一，哲学的语言学转向的杰出代表

[1] Ellen Meiksins Wood 在她的 *Liberty and Property* (London, 2012), p. 305 中强调了启蒙运动更为晦暗的一面。

赫尔德在历史中看到了进步，但是将其多元化了。民族的发展有其自己的节奏和独特的形式，并不存在统一的、线性的 16
发展过程。每个民族（*Volk*）都会通过特有的方式追求自我实现。汉斯·布鲁门伯格认为虽然进步的确是启蒙运动的价值观，它在被迫承袭了基督教末世论的某些功能后却变得过于膨胀了。它似乎从没试图回应历史的意义究竟是什么，但却理所当然地担负了那个职责。[1]

如卡尔·贝克尔在《十八世纪哲学家的天城》中指出的，大部分启蒙运动思想家没能决然地突破和斥责宗教世界观，虽然他们本该如此。贝克尔评价道："他们摆脱了对上帝的恐惧，却对神（Deity）保持着一种敬重的态度。"[2] 如他那圆滑的讽刺性书名所暗示的，贝克尔不会是一位公正无私的评论家。一位写出马克思主义"他们航向上的繁星，而非人的微小意愿，将会引发一场社会变革"[3] 的作家的言辞自然也不会被当作真理。即便如此，他还是机智地意识到了启蒙思想家

---

[1] Hans Blumenberg, *The Legitimacy of the Modern Age* (Cambridge, Mass. and London, 1983), Part 1. Blumenberg 区分了世俗的进步理念和基督教末世论，指出前者被认为是历史所固有的，而后者则是从超验领域闯进历史之中的。大多数基督教神学家事实上将末日视作既为固有的又是超验的。《新约》使用两种比喻对其进行描述：面包中的酵母和夜晚的窃贼。Blumenberg 同样还冒着混淆末世论和启示论的危险，尤其是当他错误地暗示基督教对即将到来的那个王国的态度是恐惧而非希望。

[2] Carl Becker, *The Heavenly City of the Eighteenth-Century Philosophers* (New Haven, 1932), p. 31.

[3] Ibid., p.163.

们宗教观的矛盾之处。他评价说，某些启蒙思想家嘲笑关于创世（Creation）的圣经教义，却相信宇宙显露出了美丽的有组织的设计从而证明了至高存在的在场。确实，某些启蒙思想家由上帝转向自然，却只在彼处发现那些智慧的路标又将他们指引回了上帝那里。贝克尔指出，宗教的批评者的确粉碎了虚构的伊甸园，却又伤感地回望罗马德性的黄金时代。某些人依附全能的、自创的、自决的力量，只是这力量现在不再叫上帝而被称作理性。他们宣布摒弃教会与圣经的统治权，却天真地认可自然与理性之权威。他们砸毁了天堂却期
17 盼一个完美人类的未来；宣扬宽容却无法接受一个牧师的见解；嘲笑奇迹却迷信人类种族的完美可能，将对上帝的爱替代为对人类的挚爱。他们还用公民道德替代神恩。针对他们勇敢地宣称要用最后一个牧师的肠子绞死最后一个国王，贝克尔评价：“在启蒙思想家们的著作中，基督教哲学的比重比我们一直以为的要更多。”[1]

这些评价中有些是事实，有些在一定程度上却是狡辩。贝克尔的评价淡化了启蒙运动表现出的胆识和独创性，同时准确地突出了它意识形态上的局限性。由于理性主义尚处于冲动的青年时期，它好战、坚定、野心勃勃；也正因如此，既有的秩序对它来讲过于可怕，迫使它不得不按照自己所假想的那样去行事。以赛亚·伯林虽然对启蒙运动的“极权主义”

---

[1]　Ibid., p.31.

潜质感到不安，也在认识到“理智的力量、诚实、清醒、气魄以及对真理的无私的爱这些 18 世纪最具天赋的思想家至今无与伦比的品质”[1] 时给予了中肯的赞扬。这个非凡的思想潮流在美国独立战争和法国大革命中都起到了重要作用，甚至塑造了现代历史的进程。它的意识形态追随者能够激起谨守现状者的恐惧与怒火。但是从很大程度上来讲，它依然诞生于支持君主制、畏惧群氓的知识阶层。他们大体上仍然相信自然的精妙设计，社会等级的价值，以及出于他们自己的推断而得出的普通百姓愚笨的抵制。

例如，信奉牛顿学说的人在宫廷形成了一种贵族文化。
明显讽刺的是，他们关于宇宙的力学理论竟然也能被用来树 18
立精神上的权威。用牛顿的话来说，如果物质是“麻木不仁的”，只有神圣的意志才能使其开始运动。精神力量居高临下地规定着自然界正如国王和独裁者治理自己的国家。笛卡尔、莱布尼茨以及牛顿都是他们国家旧有教会的拥护者，并且很大程度上也是支持君主统治的。正如玛格丽特·雅各布评论道:“大部分 17 世纪的力学世界图景拥护者都非常希望他们的科学原则和方法论洞见能够服务于强权政府的意识形态并且支持《新约全书》正统思想。”[2] 如果精神与自然有所区别，那么就是前者能够对后者施加影响。机械唯物主义和专横的意

---

[1] Isaiah Berlin, *The Age of Enlightenment* (Oxford, 1979), p.29.

[2] Margaret C. Jacob, *The Radical Enlightenment* (London, 1981), p. 46.

志是意识形态上的亲密伴侣。相比之下，斯宾诺莎和狄德罗这样的唯物主义者辩称，如果物质是自我驱动的，那么就无需假定一个物质之外的超验。激进启蒙运动自 18 世纪欧洲受到最严厉斥责的哲学家斯宾诺莎的泛神论的决定论中得到了线索。如果精神和自然是合一的，那么也就没有必要设想出一个全能的凌驾于物质世界之上的主宰者了。泛神论因此和政治激进主义连接到了一起。

社会背景也是启蒙运动保守性的原因之一。大部分的启蒙运动辩护者都是社会中、高阶层的成员。霍尔巴赫和孟德斯鸠是男爵，孔多塞是侯爵，孔狄亚克是修道院院长。伏尔泰来自小贵族家庭，也是在非常富足的贵族生活中长大的。爱尔维修是一名跻身宫廷圈子的百万富翁之子，作为包税人
19 赚到巨款；边沁则以继承性收入为生；吉本是国会议员并且是富裕地主家的子弟。彼得·盖伊评述说，他们都是“革命者中可靠的、受人尊敬的阶级”[1]，用最文雅的腔调抨击着社会文明。卢梭和狄德罗是这群贵族和上流资产阶级群体中为数不多的两个出身较为平凡的。另一个知名的出身自普通民众的思想家则是托马斯·杰弗逊。这与其后我们将会讨论的德国唯心主义及浪漫主义思想家显然不同：康德、席勒、诺瓦利斯、赫尔德、黑格尔、哈曼、费希特、雅可比、蒂克与荷尔

---

[1]　Peter Gay, *The Enlightenment: An Interpretation* (New York, 1966), vol. 1, p. 9. 具体这些思想家在什么意义上是革命者仍含糊不清。

德林的社会出身都是相当低微的。法国启蒙运动最重要的文献《百科全书》的读者大部分都是贵族、地主、高级神职人员、地方长官、律师、行政官员等等。

当然，社会阶级和政治观点并不能简单地联系在一起。就像英国革命（the English Revolution）有地主阶级中的进步势力参与其中，并且他们的一些后代还为工业中产阶级的利益摇旗呐喊。法国的启蒙运动很大程度上是贵族和上流资产阶级推动的，是他们提出了自由和平等这些后来被传至街知巷闻的抽象概念。然而正是像英国革命一样，他们的革命也并不彻底。有一种观点认为他们标志着世俗知识分子第一次在欧洲成为了独立的政治力量。[1] 即便如此，这些统治阶级子弟大部分仍然没有试图废除赋予他们的权力合法性的流行意
识形态（宗教）。他们更希望将宗教与一种世俗的新型的理性 20
调和在一起，同时将全部宗教事务从它所推动的政治独裁中分离出去。或者至少，从他们所不赞成的那些专制形式中分离出去。他们中的一些人甚至并不反对为其更为温和的观点而辩护。

某些开明知识分子希望按照自己的想象重塑统治阶级；然而统治阶级有一个世界观，被统治阶级有另一个世界观，这无益于政治稳定。在大众崇拜圣母玛利亚的时候，统治者

[1] 参阅 Roy Porter, *Enlightenment: Britain and the Creation of the Modern World* (London, 2001), p. 10。

却选择尊崇理性就是不审慎的。继而就有人认为启蒙大众是可取的。可问题在于，平民普遍被认为对理性是无动于衷的。像潘恩和戈德温这样更为激进的启蒙思想家坚持大众启蒙的可能性，但他们那些更为保守的同事明显缺乏这个信念，相应地他们中的有些人接受被称作“双重真理（double truth）”的论点。[1] 根据这个学说，那些受过教育的怀疑主义者必须学着不去动摇平民的迷信行为。由于对其可能引发政治动荡的恐惧，它必须与平民大众相隔绝。理智的信教族群和野蛮的信教族群之间不会有共通之处。这被认为既是 18 世纪的绅士与古代异教徒之间关系的实情，也是这些人与他们同时代那些非特权阶级的民众关系的实情。其他人则对过去没有那么多的偏见，他们认为堕落前的亚当和夏娃本质上就是没有穿衣服的 18 世纪的理性主义者。即便他们孕育了令人震惊的偶像崇拜者后裔、狡猾的传教士、残忍的狂热信徒和疯狂的神秘主义者的时代。

21 约翰·托兰德，虽然在爱尔兰的传说中被描述为牧师和妓女的私生子，在他的《泛神论要义》中也对普通民众抱有悲观的想法，吁求在理性的真理和乌合之众的见解（*doxa*）之间有必要严格地区分。必须是富人有一个上帝，穷人有一个上

[1] 我心目中的双重真理的种类并不与以下学说相混淆，即我们必须主观地认为某些东西是真实的——例如，意志的自由——哪怕它被科学证明是错误的。关于这个主题，参阅 Karsten Harries, ‘The Theory of Double Truth Revisited’, in Ricca Edmondson and Karlheinz Hulser (eds), *Politics of Practical Reasoning* (Lanham, Md., 2012)。

帝。有一个博爱、正义、崇拜至高存在的优雅的宗教，也有愚昧的、嗜血的对牧师的狂热崇拜。正统宗教就是原始恐惧和牧师对权力的渴求。休谟也坚持有学识的人提升宗教信仰的原因和无知的人被动接受宗教信仰原因之间存在鸿沟。[1] 即便是这样，如果要让理性的真理不被民众的迷信所侵蚀，而人们的虔诚也与颠覆性的理性真理相隔离，两个阵营必须学着在不干扰对方的情况下紧密地生活在一起。如查尔斯·泰勒观察到的："对（普通民众）来说，有点小迷信是件好事，能满足他们的宗教冲动又不会向他们反复灌输反叛精神。"[2] 托马斯·杰弗逊认为在不信仰上帝的大众之中不会存在共和的美德，而他本人显然也没能抱持这个信仰。有人可能会将这种分裂的观点与巴鲁赫·斯宾诺莎的共和观点做对比，斯氏认为普通民众在错觉中劳动，他希望能够点醒他们。斯宾诺莎相信人都是可被教化的，他们的欲望有足够的可塑造性，哲学家的使命就在于此，而非生产安慰性的谎言和利于政治统治的虚构。

相比之下，对托兰德这样的理性主义者而言，真理是清晰而明确的，但是如果它想要免于粗人的玷污就必须保持晦

[1] Hume, *Dialogues Concerning Natural Religion and The Natural History of Religion*, p. 153. 帕斯卡尔表达过一种双重真理理论，尽管是关于政治权力的起源而非宗教的起源：（"关于〔最初〕篡夺的真理，"他写道，"一定不可明显：它的出现原本是没有道理的却已然变得合理。我们必须看到它被视作真实的和永恒的，如果我们不希望它很快消逝就必须隐匿其来源。"）(*Pensées*, Harmondsworth, 1966, pp. 46–7)。

[2] Taylor, *A Secular Age*, p. 240.

暗不清的状态。这就是托兰德的作品是理性主义和秘传学说
22 的非凡结合体的原因之一——也解释了以名为《基督教并不神秘》的作品闻名的作者同时还创作了《德鲁伊的历史》并且还可能隶属于一个叫作欢腾骑士（the Knights of Jubilation）的神秘荷兰社团。同共济会一样，它也是秘传和公开的混合体。只有一小部分行家才能被委以最重要的真理。自由思想家，据说这称号还是托兰德发明的，因此享受到了为他所厌恶的牧师们的特权。

孔多塞厌恶这种智力上的双重处理，虽然他将之定位于愚昧的过往而非文明的现在。他追问道，“这样的一种制度中又能真的期待什么道德呢？——它的原则之一就是：人民的道德必须建立在虚假的见解之上，只要文明的人能向人民提供有用的错误，他们就有权去欺骗人民，并情有可原似的把人民拘禁在唯有他们才懂得如何从中解脱的那些枷锁之中。”[1] 在他看来，进步的原则终将并且应该逐步渗透“到奴隶们……的简陋木屋里去，他们压抑的灵魂被义愤的火星点燃，哪怕不断的羞辱和恐惧也无法熄灭”[2]。人们可能会注意到，这是被一些后现代思想家谴责为集权主义可悲爆发的运动发出的声音。

并非所有孔多塞的同行（confrères）都认可他的观点。A. O. 拉夫乔伊评论说“自从自然神论者加入了对抗盲从的战斗，

---

[1] Condorcet, *Sketch for a Historical Picture of the Progress of the Human Mind*, p. 109.

[2] Ibid., p.175.

他们就经常被卷入对抗人民的战斗之中”[1]。席勒对主权在民的未来图景感到不安，也为对大众进行教化或者说是心灵教育的前景感到极度悲观。他对法国大革命的爆发持怀疑态度，同时怀疑当下的民众是否具备了建立共和政体所需要的公民美德。 23
正如某位评论家机敏地评论，席勒“不只希望自己的美学教育能够巩固革命，甚至希望能够取代革命”[2]。伏尔泰坚持大众永远都是愚昧无知的。非颠覆国家无以教化他们。事实上，他怀疑他们是否值得被如此偏爱。斯威夫特的观点与此十分相似。

理性被假定为具有普适性，但甚至无法在一个单一国家内使自己普遍化。它是智慧深不可测的源泉，然而易受蛊惑的平民始终在尴尬地提醒着它的脆弱。大众的轻信有助于统治的稳定，但同时也是对你希望借以统治的价值观的冒犯。即使是这样，虽然宗教可能与理智不睦，但也是希望和宽慰的重要来源，从这个意义上还是可以证明其政治必要性的。弗雷德里希·尼采写道，“悲剧就是我们无法相信宗教教义和形而上学”，却仍然“需要终极意义上的拯救与宽恕”[3]。“将你的理性藏好！”他在《快乐的科学》中向所谓“高等人(higher men)”吁求。[4]努力让大众接受理性是没有意义的，

---

[1] A.O. Lovejoy, *Essays in the History of Ideas* (Baltimore, 1948), p.67.

[2] Frederick C. Beiser, *Enlightenment, Revolution, and Romanticism* (Cambridge, Mass. and London, 1992), p. 109.

[3] Karl Schlecthta(ed.), *Friedrich Nietzsche: Werke* (Munich, 1954), vol.1, p.166.

[4] Friedrich Nietzsche, *The Joyful Wisdom* (Edinburgh and London, 1909), pp. 355–8.

他们坚持着自己无需理性的信仰，他们的观点也因此免于被理性驳倒。大众“始终沉眠”，并且不会被一系列理性的争论搅动不安。最好任由他们沉沦在愚昧的泥淖之中，至少这有可能避免分歧。或许某些人眼中的启蒙的准则对其他人来说是一种奴役，尼采毫不避讳地如此主张。就算要以几代人的悲惨与不幸为代价来产生超人，也是好的和善的。只有这种崇高的生物才能面对生活中残酷的荒谬，对那些渴求意义、
24 具有形而上学心灵的大众则有必要隐瞒。人们只会与真相一同消亡，易卜生的精神贵族观点部分继承于此。

此时就出现了明显的两难局面。你可以选择政治上顺从的平民，他们落后的宗教观点却会暗中质疑着你对于理性的普遍性的信仰；或者你可以选择那些具有理性心智能够肯定你的理性信仰的公民，但是这就要承担潜在的政治动荡的风险。学者们究竟是会将自己看作先锋，来捍卫迟早将惠及所有人的真理，还是会将自己看作是精英，禁止普通民众接触到这些学说呢?

卡尔·贝克尔辛辣地评论某些启蒙思想家，“他们无畏地探讨无神论，但是不会在仆人面前。”[1]众所周知，伏尔泰焦虑于自己的异端学说对其家庭仆役的影响。宗教对他和他的众多同事来说，就是个用来维系道德感以此来增进社会和谐的实用策略。启蒙运动渴望普遍光明，然而却又不愿得到这些。最终或许成为无神论者的狄德罗无礼地写道，如果基督在迦

---

[1] Becker, *The Heavenly City*, p. 31.

南爱抚了伴娘的胸部并且抚摸了圣约翰的臀部，基督教传递的或许就是一种愉悦的情绪而非乏味的忧郁。[1] 基于其社会统一作用，他支持自然的宗教。类似的，孟德斯鸠自己也不相信上帝，但是认为让其他人相信上帝是明智的。

或许民众弃神的危害被夸大了。休谟认为宗教对日常生活的影响比普遍假定的要小得多。[2] 他不满足于理性版本的基督教，他既不轻信理性也不轻信基督教。事实上他认为几乎所有 25
的宗教对政治美德来说都相当有害，这个观点夏夫兹伯里在自己的《美德探究》中也采纳了。美德必须是自发的，而非策略性的。宗教通过培养自利的情感（惧怕惩罚，渴望不朽），并侵蚀我们对正义之热望和慈悲情感的自然来源而使得道德堕落。对某位评论者而言，在休谟的判断中宗教对社会有严重的危害。[3] 然而他似乎也认为一个适度的、不迷信的宗教有助于政治稳定。与许多启蒙运动哲人一样，宗教主要还是从其实用性角度被评判的。它只有促进那些人们无需它也会认可的道德

---

[1] 引述自 Manuel, *The Changing of the Gods*, p. 62。

[2] 参阅 Hume, ‘Natural History of Religion’, Antony Flew (ed.), *David Hume: Writings on Religion* (La Salle, Ill., 1992)。

[3] 参阅 David Fate Norton, ‘Hume, Atheism, and the Autonomy of Morals’, A. Flew et al. (eds), *Hume's Philosophy of Religion* (Winston-Salem, NC, 1986), p. 123。对休谟观点的这种看法取决于将《自然宗教对话录》中的斐罗视为表达了与休谟本人相近的情绪。另请参阅 David O'Connor, *Hume on Religion* (London, 2001)。J.C.A. Gaskin 在 *Hume's Philosophy of Religion* (London, 1988) 中对这一主题也有详尽的阐述，他提出休谟似乎相信某种形式的智能宇宙设计，但不相信任何类似于基督教的上帝。

观才能让自己被接受。对休谟来说，这才是“真的”宗教，只能为少数有教养的人所有，与他嘲笑为大众的虚弱梦想的东西相对立。谈到社会实用性，休谟的社会保守主义战胜了他理智的怀疑主义。确实，他在自己的日常生活中就践行着这种双重真理理论，比较著名的就是他为了社会传统而舍弃自己颠覆性的反基础主义（anti-foundationalism）。

霍尔巴赫同意休谟将宗教价值看作政治意识形态的轻慢观点，认为是刽子手而不是牧师维护了社会秩序。他轻蔑地问，无论如何，谁理解哲学家们呢？约瑟夫·德·迈斯特同样主张公共秩序最终决定于一个人物：刽子手。他的三位一体（Holy Trinity）据说是由教皇、国王和刽子手组成的。由于他
26 坚持人类是需要被绝对主权恐吓才会懦弱屈从的邪恶的、好斗的、自我毁灭、野蛮无理性的生物，政府的刽子手在他的政治设想中扮演着不寻常的角色。他甚至对雅各宾派的断头台私下里有着赞赏，相信所有强力都是神圣的。由于他歌颂本能、成见、战争、神秘、专制、不平等与迷信，德·迈斯特就是启蒙运动所要消灭的事物的形象例证。[1]

或许社会需要一个市民宗教，不过吉本认为伊斯兰教实

---

[1] 关于迈斯特针对法国大革命的抨击，参阅其 *Considerations on France* (Cambridge, 1994), Isaiah Berlin 为其写了前言。值得注意的是柏林对拥护暴政的极右翼主张的批评比他在其他作品中对拥护专制的左翼的批评要温和得多。关于作为文体家的迈斯特的启发性文章见于 Carolina Armenteros and Richard A. Lebrun (eds), *The New enfant du siècle: Joseph de Maistre as a Writer* (St. Andrews, 2010)。

际上比基督教更符合要求。他在很大程度上也是以社会实用性来考虑宗教，正如他作品中的那句名言所讲："众人视各教皆真，哲人视各教皆妄，官人视各教皆有用。"[1]相比之下，那些主张无神论社会相较基督教社会将在道德上更具优越性的更为激进的启蒙思想家，则坚持要将宗教与道德彻底划清界限。或许一群无神论者能够比一群顽固的信徒相处得更融洽。最终，启蒙运动担心的多米诺效应——宗教的瓦解也颠覆了道德，接下来又不可避免地破坏了政治凝聚——被证明是毫无根据的。信念，不论是宗教的还是别的什么，都不是自由资本主义社会的粘合剂。就像马克思指出的，对工人的阴暗压迫一般就足够起到那个作用了。宗教信仰延续到后来的现代性，并且继续在普通民众之中盛行。然而从政治上来讲，它已经简化成世俗政权的门面装点，起到更为表面的而非基础的作用。它在这方面的地位更类似君主而不是首相。

* * * 27

对于培根哲学信徒而言，启蒙运动确实取得了一些令人敬畏的实际成果。更何况它对现代文明进程那难以计数的影响：它在一系列政治革命中都有所作为，在农奴制和奴隶制的

[1] Edward Gibbon, *The Decline and Fall of the Roman Empire* (New York, 1932), vol. 1, pp. 25–6.

废除中发挥了作用，帮助驱逐了殖民势力，并且还通过苏格兰启蒙运动的政治经济学家们在英国的政治体制上留下了恒久的印记。杰里米·边沁的功利主义成为19世纪英格兰的支配性意识形态的柱石。启蒙的思想还改变了公众感知并且渗透进了日常生活。酒吧俗语诸如“每个人都有权发表自己的观点”，“如果我们思想一致，世界将会变得可笑”，“世界之大，无奇不有”（路德维希·维特根斯坦将之看作“最美丽最良善的谚语”）以非正式的形式证明了它的影响。

哲学家们本身在更为宽广的理念的漩涡之中仅仅是一些杰出的名字。启蒙运动作为完整的文化体系繁荣壮大而不仅局限于上流社会。它还隐匿了一个以海牙为精神中心的激进的地下团体，在这里，理性和自然的观念与泛神论、新柏拉图主义、赫尔墨斯主义、共济会、斯宾诺莎主义、自然主义、千禧年主义、共和主义以及其他一系列异端学说结合在一起。就像玛格丽特·雅各布所写：“在欧洲启蒙运动高潮之前还有一个激进的启蒙运动。”[1] 这个激荡的亚文化更多的来源于掘土派（the Diggers）的平等主义而不是洛克的认识论。以斯宾诺莎主义学者的说法，它坚称自然本身是具备精神的，正如其
28 后的唯心主义者和浪漫主义者也如此认为。托马斯·潘恩的畅销书《人的权利》揭穿了启蒙运动是学者和贵族的垄断。它

[1] Jacob, *The Radical Enlightenment*, p. 25. 关于启蒙运动激进派和温和派冲突的杰出论述，参阅 Israel, *A Revolution of the Mind*。

还打破了我们接下来将会讨论的偏见——普通民众只有在概念被转化成形象的或者神话的术语时才能领会它们。

约翰·托兰德那非凡的事业捕捉到了大变革的下层社会与众不同的况味。这位来自多尼哥的讲爱尔兰语的羊倌儿，最终却对欧洲的启蒙运动产生了巨大的影响，为莱布尼茨所敬重并为伏尔泰所赞颂。[1] 托兰德在格拉斯哥成为了一名激进的长老会成员，他还是莱顿的自由思想家的伙伴、牛津的咖啡店里的知识斗士、伦敦激进圈子的写手与常客、罗伯特·摩尔斯沃斯在都柏林的门徒、爱尔兰左翼知识分子的赞助人。他可能还与乔治一世的妹妹有私情。作为一个傲慢、放纵、病态轻率的犹太教拥护者和伊斯兰教辩护者，或许就是他发明了“泛神论者（pantheist)”这个术语和“自由思想家”这个头衔。他还涉猎于神秘主义，据说掌握了九种语言并且自由游走于充斥着激进的共和主义分子、宗教异端和可疑政客的声名狼藉的下层社会。虽然经常表现得比盎格鲁人更盎格鲁人（*plus Anglais que les Anglais*)，他还是个精通爱尔兰文字、古代历史和考古学的重要的凯尔特学者。他研究的凯尔特手稿中有一份是一名被解除了神职的牧师亲信从巴黎的一家图

---

[1] 关于托兰德的表述，参阅 Robert E. Sullivan 博学的著作 *John Toland and the Deist Controversy* (Cambridge, Mass., 1982)。另请参阅 Robert Reed Evans 详尽的专题著作 *Pantheisticon: The Career of John Toland* (New York, 1991), 更为简明的描述可参阅，J.G. Simms, ‘John Toland (1670–1722), a Donegal Heretic’, *Irish Historical Studies* vol. 16, no. 63 (March, 1969)。

书馆偷出来的。流放者、流浪汉、叛徒、流氓、异教徒和投机分子，这位前罗马天主教徒，或许是某个古代吟游诗人家
29 族的后裔，呼吁为了新教统治权必须在他的祖国不断地进行宗教斗争。

托兰德在选帝侯夫人索菲亚位于柏林的宫廷中过着快乐的生活，而且可能被雇用为秘密间谍。作为一名没谱的吹牛大王，或者说，传统的爱尔兰骗子，他游走于不同的势力和信仰之间。他欣赏弥尔顿、哈灵顿、焦尔达诺·布鲁诺和奥兰治的威廉，将摩西看作是共和分子，他还是热情的联邦派人（Commonwealth man）和哲学上的唯物主义者。他一脚踏入辉格党的实用政治，另一脚却仍安置在相对保守的圈子里。他还被委派将《王位继承法》带至汉诺威朝廷，因此在为新教谋取英国王位的过程中扮演着低调却具历史意义的角色。[1]

引入一个实用主义、物质主义、功利主义的文明并摧毁诞育了这个文明的某些崇高的典范，这是启蒙运动的命运。或许有关于自由的圣歌，但几乎没有相称的表现。如果说中产阶级的历史部分是喜剧而部分是悲剧，它还显露出了一丝

---

[1] 关于托兰德的新教必胜信念，参阅其 *Anglia Libera* (London, 1701), 这是一首对英格兰自由的赞美诗。关于其政治上的矛盾，参阅 Philip McGuinness, 'John Toland and Eighteenth-Century Irish Republicanism'，*Irish Studies Review* (Summer, 1997) 以及 David Berman, 'The Irish Counter- Enlightenment'，见 R. Kearney and M. Hederman (eds), *The Irish Mind* (Dublin, 1984)。另请参阅我对托兰德的描述，见 Terry Eagleton, *Crazy John and the Bishop* (Cork, 1998), Ch. 2。

荒诞。启蒙运动批判的、理性的观点之中包含着对旧秩序粗暴的攻击，但是它们并非能够轻易使得新政权合法化的理念。我们其后会看到，正因如此才需要更富感情、更积极的价值观。理性主义能够摧毁牧师的公信力，却无法替代其意识形态的地位。黑格尔认为整体前景太激进、太具破坏性了，将被假定为“对信仰完全持否定态度”的理性打上“乏味、空洞”的标志。[1]这种思想的情感和想象力资源匮乏，被过度剥夺了象征的维度，为现代性提供了自我合法化的手段。它无 30
法赢得那些对宗教抚慰而非宇宙和谐更感兴趣的大众的拥护。就像红衣主教纽曼评论自由主义时说的：“它太冷冰冰所以根本无法在大众中流行起来。”[2]哲学家的上帝和大众的上帝在某种程度上是极为不同的存在。

事实并非如此，某位评论家说：“自然神论只是提出了普通民众也可能会问的问题而已。”[3]没人会像为了基督教福音书那样为了脑中的信条去牺牲自己的生命。圣保罗书信也许能够让人们变得沉静而顺从，但是牛顿的物理学或者莱布尼茨的神义论很难做到。约翰·格奥尔格·哈曼，柯尼斯堡一位浴室管理员的游手好闲的儿子，与底层民众一道满怀积怨地指

---

[1] G.W.F. Hegel, *The Phenomenology of Mind* (London, 1949), p. 582.

[2] Frank M.Turner(ed.), John Henry Cardinal Newman, *Apologia Pro Vita Sua and Six Sermons* (New Haven, 2008), p. 216.

[3] Gerald Robertson Cragg, *The Church and the Age of Reason 1648–1789* (Harmondsworth, 1960), p. 161.

责在他看来是自以为是、傲慢、过度文明、典型法国作风的启蒙思想中的理性。“这种具备了普遍性、正确性、自负的、确定的、自证的被高度赞扬的理性究竟是什么？”他嘲笑道，“它就是个傀儡，其间塞满了被赋予神圣属性的对理性的狂热迷信。”[1] 他不失公正地主张启蒙理性是一种无法承认失败、无序、无规律和特异性的理性形式。哈曼从这种高谈阔论转向了他自小成长于其中的虔信派信仰，放弃了所有一般真理，选择了不可化简的具体细节。他不赞成弗兰西斯·培根那句“掌握一点哲学使人成为无神论者，掌握许多哲学促使人们重回宗教”的格言。这句话可能是某些启蒙运动学者的情况，随后的某些唯心主义者和浪漫派也同样如此。对哈曼和雅可比这样的人则不是这样。

31 一个建基于普遍人性观点之上的理性宗教，能够以其简明、根本、不朽的真理促进政治和睦，根除宗教纷争。这个概念类似于古代斯多葛学派的普遍主义。它是悦耳的合理性与刺耳的异议之间的对抗。然而就像巴特勒主教抱怨的那样，这样一个理性的信仰用严格的数学式的明晰驱散了上帝的神秘，同时还倾向于消解虔诚、崇敬和谦逊。这是乡绅化宗教信仰可能导致的反作用之一。把宗教的秘传真理随意摆在明面上并不总

---

[1] 引述自 Isaiah Berlin, *The Roots of Romanticism* (London, 1999), p. 44。关于哈曼的资料性研究，参阅同作者的 *The Magus of the North: J.G. Hamann and the Origins of Modern Irrationalism* (London, 1993), 及其 *Against the Current* (Oxford, 1981), Ch. 1。如伯林指出，哈曼对克尔凯郭尔影响颇深。

是符合统治秩序的利益，就像柏克判断称出于政治稳定的考量，探索文明社会的创伤性原始场景时应慎之又慎。在都柏林，面对着长期不满的爱尔兰民众，贝克莱主教及其同道的神学家也用同样的理由来抗议那些要把圣像上高贵的布料扯下来并把它们赤裸着拖到公共广场的人。神性真理的去神秘化也就是其拥护者的权威性的去神秘化，贝克莱和托兰德从各自不同的爱尔兰神学阵营出发，都意识到了这一点。朴实和清晰是理性版本（因此更可信的）基督教的品质，但这种品质同时也会在天真的信仰之中散播焦虑的情绪，甚至可能被激进的反对者拿来对抗基督教建制中令人生畏的神秘。

到 18 世纪末期，像上帝被某些人视作具有魔鬼的一面一样，启蒙理性在许多忧虑的观察者面前呈现为黑暗的、邪
恶的、病态的。法国大革命的恐怖时期足够使许多欧洲思想 32
家质疑理性的宣言。过度的光亮炫目而模糊，正如理性走向了暴怒并翻转到了自己的对立面。过度的无限使人变得疯狂，正如斯威夫特意识到的。一旦理性脱离了身体感觉的约束，它就会像疯子一样攻击人性并且将其肢解。脱离人类肉欲的癫狂理性呈现出一种李尔王式的疯乱。就像上帝被希伯来圣经描述为破坏性的力量，用他那令人难以接受的无条件的爱烧光了全部的偶像和虔诚的幻象，理性也被自己高贵的抽象概念所谋害或致残。一个人会因为各种动机去进行杀戮，但是惊人的大规模杀戮几乎总是某种理念的后果。启蒙理性没有躯体，因此人们认为它没法体会到那些被它所征服者的

感情。在启蒙运动理性主义者向浪漫主义艺术家的转变过程中，关注重点从理念转换到情感。身体成为更富感情的、更为直觉的理性范式，因此对玫瑰花瓣的感觉或者木材燃烧（woodsmoke）的嗅觉直接与某人对绝对（Absolute）的把握变得类似。从这个意义上讲，理性的与散乱的同时在两个方向上行进，一个在下面疾行，一个在上面翱翔。身体是知识的一种形态，但不是霍尔巴赫或者达朗贝尔承认的那样。无需借助地图或者袖珍罗盘，人就能知道自己的左脚落于何处。

如果启蒙运动从来无关于上帝死亡的问题，那么它也无关文化。在它的普遍主义和世界主义之中，它忽略了一个事实，那就是地方风俗、虔诚和情感正是权力想要壮大则必须
33 扎根之处。否则，它就显得太抽象太遥远因此无法保证它能得到民众的拥护。没有生活经验的基础，就不可能有有效的统治。正因如此理性才感到需要那个被称为“美学”的补充物或者假体。很大程度上，启蒙理性缺乏肉身的呈现形式，这也是德国唯心主义者和浪漫主义者之后试图修复的。

然而与此同时，它却承担着那个逐渐缺位的上帝的看似可信的代理人角色，而上帝完全与理性一样是无躯体的。正如我们没法问神从何而来，对某种意义的理性主义我们也没法去质疑理性的来源为何。[1] 理性在这个角度看来是没有历史

[1] 然而，许多启蒙运动思想家是经验主义者而非理性主义者，因此是从经验中找到理性的来源。对写作 *Philosophy of the Enlightenment* 的卡西尔而言，这场运动大体而言更是经验主义的而非理性主义的。

的，就像对赫尔德与黑格尔来说它是有历史的。确实，我们仍然需要借助理性去评判我们对其本质与起源的结论的有效性，因此也就犯了循环论证（*petitio principii*）的错误，即提前假定我们试图证明的。上帝、真理、理性似乎都是底线的或者终极的术语，不可能再就其定义继续深究。正是因为这个原因，认定理性事实上有历史的弗里德里希·雅可比在他与理性主义的争论中强调知识与真理的区别，坚持认为后者在认识论上是原初的与不可简化的。他写道，“我认为‘真理’是某种先于知识并超然于知识之外的事物，它最初赋予知识以价值，并把价值赋予了运用知识的能力：理性。”[1] 理性无法证明已经被自己提前假设了的真理。

《圣经》中的上帝在某种层面上是个人的，因此有明显的优势，然而理性在其非个人化的傲慢上则与上帝截然不同。
就像埃德蒙·柏克描述我们对法律的态度一样，我们或许敬畏 34
其权威，但我们很难去爱它。理性无法让我们感觉到欣喜若狂的满足感，融入集体的感觉，无法拭去悲伤者的泪水。因此在 19 世纪的英格兰，实用主义和科学理性主义需要一些更具情感活力的信仰进行补充，这种信条比较接近于唯心主义和浪漫主义的传统。许多思想家，从卡莱尔到 T. S. 艾略特，都会为了修整当下而去古代或者中世纪寻找资源。像弗雷德

---

[1]　George di Giovanni (ed.), *Friedrich Heinrich Jacobi: The Main Philosophical Writings and the Novel 'Allwill'* (Montreal and Kingston, 1994), p. 513.

里克·杰姆逊评价的那样，资本主义体制显示出“一种改造古老的编码形式以补充自身贫乏结构的迫切需要”[1]。

当人类理性变得自主，它就接近了神性状态；但是在一个理性的世界之中上帝的存在逐渐减少，所以他渐渐远离理性而只能通过信仰和感情把握。在这个意义上，理性主义的另一副面孔就是信仰主义（fideism）。讽刺的是，这个不需要神介入就能自行运转的世界却催生了一个随心所欲的、非理性的上帝。现实变得越透明，造物者就表现得越令人费解。将他驱逐到他自己的宇宙的边缘大体上就是视其为可有可无，但同时也强化了他的神秘性。理性延伸得过远因此最终消灭了自己。正如帕斯卡尔所说，一个阴暗的高深莫测的上帝正是对理性局限性的不祥提醒。某个事实也提醒着我们这种局限性，那就是当理性在很大程度上成为工具性的、计算的和因果关系的，它也冒着清空社会存在的意义与价值的风险。因此，它没有看似可信的正当理由。社会于是相应分化出了两种模式，一种是计算或者务实的理性，它能够反映人们实
35 际行为却无法用教化的话语来证实它；另一模式是信仰、宗教或者别的什么，它能够提供合法性但是无法反映人们的实际行动。这是因为理性无法像它过去希冀成为的那样将现实与价值联系在一起，进退两难的局面就出现了。

问题就在于任何有效的意识形态都必须同时达成这两个

[1] Fredric Jameson, *Valences of the Dialectic* (London, 2009), p. 187.

目标。为了具备可信度，从而获得普遍赞同，它必须立足于男男女女的实际行为；但是在一个被欲望和利己驱使的社会里所有不光彩的价值观都处于被反映出来的危险之中，因此无法将社会秩序合法化。或许理性世界中的宗教能够通过反映日常生活的具体逻辑而生存，就像启蒙运动中的“自然的”宗教或者“理性的”宗教。然而它这么做却要冒着耗尽其象征性资源的风险。要不，它还能退缩进偏执或狂热、对感伤和美好灵魂的崇拜、神秘的呓语、普遍仁慈的温和梦境，或者投入自身不可测的渊博中。[1] 如果宗教选择了这条路，它保存了自己的象征性资源，但是也必须接受它们作为一个整体对社会存在的影响日趋减弱。在现代，艺术也被类似的两难局面困扰着。

某些启蒙思想家将亚伯拉罕的上帝简化为一个理性的抽象，同时其他像康德那样的人则将其推到理性和感知的范围之外而进入了无迹可寻的崇高空间。不论何种方式都存在意识形态难题。将神视作理性实体就是将他从迷信中打捞出来，只是需要以将他完全从感性的领域内驱逐出去为代价。如虔信派教徒哈曼和雅可比所抱怨的：牛顿学说中的神，他的在场只能在宇宙不可思议的设计中、历史机缘巧合的行进里被识别出来， 36
但是不会在主体性隐秘的深处被发现。但若是上帝超越理性而

[1] 关于宗教“热忱”的启发性研究，参阅 Lawrence E. Klein and Anthony J. La Volpa (eds), *Enthusiasm and Enlightenment in Europe, 1650–1850* (San Marino, Calif: 1998)。

不是发现自身降低为理性，就会出现另一个问题。神的旨意依然是绝对的，但是他与人类的疏离使得人们越来越困惑。神希望我们并非因为他的命令具有理性或者经验意义而去服从，而是因为神的所言所行皆是他的命令。就像游戏规则一样，他们将绝对权威和一定的随意性结合在一起，因此让那些试图顺从的人同时承担了这两个世界中最糟的痛苦。上帝的旨意，像康德最初构思的道德律或者理性主义者的理性一样，成了完全自我合法化的。当然，部分基督教教义讲上帝就是他自己的法律，但是这并不是指那种意欲让上帝与自己的创造物相疏离的自治。相反的，他们所拥有的自我决定的权力恰恰是他们最接近上帝之处。他们以个人自由的形式信靠着上帝。

理性化的社会不只是要耗尽他们的象征性资源，还要使他们病态化。假如说以理性为基础的宗教是温吞的，那么没有这个基础的宗教则倾向于狂热。前者以削弱了自己的权威性为代价，但后者则可能在大众之中激起危险的无政府主义“狂热”。“上帝是纯粹的、无限的、自由的信念”，路德维希·费尔巴哈如此赞颂，[1] 但是从政治上来讲这种感情难以控制。路易斯·杜普雷宣称宗教既能被视作解释也能被视作经验；但是启蒙运动的科学理性恐怕过多地打击了前者，它同样还易于消除后者的

[1] Ludwig Feuerbach, *The Essence of Christianity* (New York, 1989), pp.10–11.

可信性。[1] 或者你可以将宗教理性化，就像费希特的某些更为 37
大胆的著作[2]，或者将它完全从理性中驱除，就像各种信仰主义一样；但是前者无法满足大众，后者无法满足精英阶层。理性的命题无法激发人们的德行，而作为内在情感的信仰则有点不理智。不管何种方式，宗教的意识形态权力被破坏了。这是在苏西尼主义和虔信主义之间，约翰·洛克和约翰·卫斯理之间，一种霍伯森的选择（Hobson' s choice）。

当然，也可以像伟大的英国启蒙运动者塞缪尔·约翰逊那样在某种程度上将作为解释的宗教和作为经验的宗教结合在一起。与之前的夏夫兹伯里的方式不同，他将新柏拉图主义的秩序观与一种道德感的直观性结合起来。在夏夫兹伯里看来，所有道德行为都必须通过感情进行调解，因此不经调解的就是非道德的。[3] 然而他的新柏拉图主义凭借其理性的绝对律令，足够对抗单纯的感伤主义。如一位评

[1] Louis Dupré, *The Enlightenment and the Intellectual Foundations of Modern Culture* (New Haven, 2004), p. 9.

[2] 特别参阅 Allen Wood (ed.), J.G. Fichte, *Attempt at a Critique of all Revelation* (Cambridge, 2010)。

[3] 参阅 The Earl of Shaftesbury, *Characteristics* (Gloucester, Mass., 1963), 及其 'An Enquiry Concerning Virtue or Merit', 见 L.A. Selby-Bigge (ed.), *British Moralists* (Oxford, 1897)。另请参阅 Stanley Grean, *Shaftesbury's Philosophy of Religion and Ethics* (Ohio, 1967); R.L. Brett, *The Third Earl of Shaftesbury* (London, 1951) 以及 E. Tuveson, 'Shaftesbury and the Age of Sensibility', H. Anderson and J. Shea (eds), *Studies in Aesthetics and Criticism* (Minneapolis, 1967)。

论家注意到："（夏夫兹伯里所言的）德行要求内在的动机和情感，以及最重要的，需要对善的理性认知。"[1]然而，一般而言解释和经验变得越来越难以调和。作为理性整体的宗教和内在观省的宗教之间的分歧——或者，用哲学术语来讲，黑格尔和克尔凯郭尔之间的分歧——越来越大。对后者来说基督教信仰是丑闻、愚蠢并且绝对不可能理性化的，是对所有的文明风俗和优秀理性的冒犯，这是启蒙运动思想最大的麻烦之一。

弗里德里希·雅可比意识到理性派和经验派这两个阵营在
38 很大程度上都没在谈论对方。在他看来，启蒙运动抽象概念的上帝什么也无法教给信众。启蒙运动的人类主体坦白讲不是指亚伯拉罕的上帝创造出来的生物，或者那些轻信上帝的人。只有不单单是思考的物质或者纯粹的意识的主体才能做到。启蒙思想家的上帝是这种被掏空的主体会深信不疑的理性建构，这对上帝而言更为不妙。就像马克思·霍克海默和西奥多·阿多诺在《启蒙辩证法》中所写，具象化的科学理性主义思想甚至无法质疑上帝存在与否。[2]或者，至少，它只能采用调查雪人和尼斯湖水怪的方式去进行质疑。大体上，信仰对启蒙运动意味着对事实上无法被理性证明的命题的承认，

---

[1] Lawrence E. Klein, *Shaftesbury and the Culture of Politeness* (Cambridge, 1994), p. 55.

[2] Max Horkheimer and Theodor Adorno, *Dialectic of Enlightenment* (Stanford, 2002), p. 19.

这与那个词对犹太教、伊斯兰教或者基督教的意味是完全不同的。激扬的、贫乏的、脆弱的浪漫主义主体反而能够从这个术语的真实含义上把握信仰的存在；但是此时世俗化进程已经完成了自己的工作，所以随着信仰主体的再次出现，亚伯拉罕的上帝以及耶稣逐渐从视野中淡去了。

要将宗教与理性相隔离就必须使其免疫于理性的批评。由于这种信仰根本不是命题性的，它不是可以适用真假判断的现象。如果宗教是卢梭和施莱尔马赫所认为的感情，莱辛、哈曼和克尔凯郭尔所认为的热情的内在确信，或者是埃米尔·涂尔干所认为的本质上就是象征实践的形式，那么就像没法反对关节炎或者飓风一样，也很难有什么方式去反对宗教。然而这也并非完全就是它的优势。确信或者经验在崇尚内在 39
性的个人主义社会中是有可能被估值的，但是当宗教信仰试图发挥意识形态有效性之时这样的社会却无法提供其所需的共同基础。它太过众口难调以至于无法达成社会共识。真正需要的是类似于康德审美批判的那种东西，是主观的又是普遍的，是个体意愿又是群体合议。

事实上感情和友谊也能被连接起来。如果宗教真的像诸如雅可比和卢梭认为的那样，根本上是一个关乎心灵的东西，那么这些纯粹的、普遍的、自发的情感比深奥的真理更能将个体团结在一起。这些情感越是成为概念化的术语，就越容易造成分裂。相比之下，卢梭笔下萨瓦神父的爱与慈悲的自然宗教能够被未受教育的农民和温文尔雅的学者共享。然而这还是无法弥补内在情感作为社会凝聚的基础太过脆弱的事实。它们只是政治团结的必要不充分条件。还需要一个调和了情感和认知的，明晰的信仰。

在某种意义上，情感是最无可争议的基础，但从另一个层面讲它又具有众所周知的不稳定性。以身体作为道德的基础则为其提供了个人所能希望的坚固的基础，对此像弗兰西斯·哈奇森这样的思想家会感觉就像被肮脏的臭气熏了一样被不道德的行为吓走。以情感为基础的信仰具有某种身体的踏实与直接，也因此比理念要可靠得多。劳伦斯·斯特恩将美
40 德视作净化制度的精神补剂，使你既快乐又富足。[1] 情感之人（The Man of Feeling）用斯特恩的话来说就是“光荣地渴望”行善，所以有德的行为就像嚼碎烤鸡腿或者喝下一大杯波特酒一样。这个口号与康德可是相距甚远。由于自我满足的新兴中产阶级快乐无忧的希腊精神，在 18 世纪英格兰咖啡馆的舒适安闲中，慈善和交际，慈善家和享乐者，变得越来越难以区分。对哈奇森这样的伦理学家来说，善和感官愉悦是紧密交织在一起的：慈善是一种身体愉悦，在其中享受到的来自他者的道德之美类似于品尝鲜美多汁的虾肉。对哈奇森来说美德在某种意义上就是喜剧，他还写过一篇关于笑的论文，

---

[1] James P. Browne(ed.), *The Works of Laurence Sterne* (London, 1873), vol.3, p.311.

这并不是阿尔斯特新教徒中最为流行的文学形式。[1] 其中甚至还包含了一些无伤大雅的笑话。

然而在一个经验主义的世界中，身体经验毫无疑问是私人化的，它也不是宗教或者道德达成政治合意的最佳方式。宗教信仰不会被削弱成个人情感，尤其是在一个迫切需要坚固的社会粘合剂的碎片化文明之中。克尔凯郭尔的热忱的奉献和诸如社会习俗或者政治稳定这些不那么核心的问题没有什么关联。新教信仰的内求性是这个个人主义社会的反映，但是它也同样蔑视秩序依赖的抽象概念。作为私人经验的信仰与认为自我是完全自主的具有政治破坏性的个人主义结合地过于密切了。将人类的依赖性看作缺陷是某些启蒙思想的错误之一，某些唯心主义思想其后也犯了这个错误。在反驳费希特唯心主义的长篇演说中，弗里德里希·雅可比拒斥自我 41
的自主性，以为这是十足的傲慢，并以他所谓爱的依赖对其进行反驳。“超验哲学，”他宣称，“不能将我的心脏从胸膛中取走，再把单独的自我放到里面运转。”[2] 如果哲学所能设想的最崇高的状态是那个纯粹的、直率的、空洞的叫作自我的东

[1]　参阅 Francis Hutcheson, *Thoughts on Laughter, and Observations on the Fable of the Bees* (Glasgow, 1758)。关于 18 世纪对慈善主义和感伤主义的狂热崇拜，参阅 Eagleton, *Crazy John and the Bishop*, Ch. 3。另请参阅 Louis I. Bredvold, *The Brave New World of the Enlightenment* (Ann Arbor, Mich., 1961), Ch. 3。

[2]　Di Giovanni (ed.), *Friedrich Heinrich Jacobi*, p. 517.

西，那么，雅可比宣称，它应该诅咒它自己的存在。

仁爱主义和感伤主义是对乏味的伦理理性主义的有力矫正。然而对情感的崇拜在净化宗教更为令人讨厌的教条之时，恐怕同时还会去除宗教的精华，进而削减其意识形态力量。用 18 世纪的美学习语来讲，它太过优美而太不庄重。它缺乏与崇高相关联的惩罚、禁忌和超我的施虐，这些被宗教出于政治代价所丢弃的东西。正如埃德蒙·柏克承认，我们必须设法去爱法律，但我们同时还怀有被其威吓而产生的被虐快感。

像理查德·普莱斯这样的伦理理性主义者对伦理的美学化感到沮丧。“我们的道德观，如果这个说法是正确的，”他抱怨仁爱主义者和感伤主义者，“和我们对优美健全肉体的欣赏、对和谐音符的感知，或者来自绘画或者雕塑创造的美的享受都是同源的……美德（如那些接受这一方案的人所说）也是关乎品味之事。”[1] 这种道德在普莱斯的认知中能够驱使男男女女去行动，但是它危险地依赖于感情、直觉或者道德感。相比之下，建基于理性之上的道德则基础稳固，只不过缺少了一些驱动的力量。众所周知休谟不认为理性能够提供动机的来源。的确，你越是将道德构筑于理性之上，它就越
42 能够剥夺你的积极性。假若道德秩序由神所创，被构建进宇宙自身非凡的设计之中，它就会像引力定律那样呈现为决定

[1] Richard Price, ‘A Review of the Principal Questions in Morals’, Selby-Bigge (ed.), *British Moralists*, pp. 106–7.

论，从而与个人意志毫无关联。于是人就处于谢默斯·迪恩所讲的夹在“理性之人愉快的精神失常和感性之人迷醉的情感倾泻”[1]的危险之中。

诸如塞缪尔·克拉克和威廉·渥拉斯顿这样的 18 世纪的伦理理性主义者坚持，如果道德的至关重要的领域要隔离主观主义的变化无常的话，善必须建立在独立于情感的理性之上。然而，如经验主义者、感伤主义者和“道德感”理论家所敏锐指出的，这些思想家首先就无法回答为什么服从理性的命令就是善的。如此，他们的情况仅仅是在循环论证。如果理性没有以柏拉图或者阿奎那的方式包含着善的观念，就存在着为什么必须要赞扬它这个问题。纯粹技术理性能够不探讨有关价值的问题。弗朗西斯·哈奇森坚称你没法为接受某个道德观点给出理性的正当理由。道德感必须先于推理，是一种我们无法在它之前想象自身的海德格尔式的前理解，是一种一段文字被算作道德论述之前就已经在心中具备的能力。[2]此外，如果理性意味着宇宙的理性化设计，那么就无需讨论为什么人要在一个本来就与这种秩序相一致的生存层面上还必须服从理性了，正如弗里德里希·尼采之后所指出的。

世俗社会秩序因此遭遇了道德原则难题。随着理性化进
程渗透进文化和宗教领域，就像自然神论的机械世界或者某 43

[1] Seamus Deane, *Foreign Affections* (Notre Dame, Indiana, 2005), p.62.

[2] 关于哈奇森的伦理理论参阅 Terry Eagleton, *Heathcliff and the Great Hunger* (London, 1995), Ch. 3。

些新教学说的法律性质一样，这些领域变得越发不适宜基本价值问题的探讨，也因此更加无法支撑政治权力。然而如果它们不参与到这个进程中，就要承担失去所有公共意义的危险。宗教不是太世俗就是太出世，不是太顺应这个世界的逻辑就是太偏离它。上帝则不是如斯宾诺莎所述的那样过于内在，就是像康德所认为的那样过于难以言明的超验。他不是被自然或历史吸收就是被驱逐出理性的界限。正统基督教的内在张力——上帝的国度既是在场的又是缺席的，内在于人类历史又是尚未到来的超验形式——致命地松懈下来了。这个残缺的二元性将留给之后的德国唯心主义者来修复。

第二章　唯心主义者 44

现代的历史首先就是为上帝寻找一位总督（viceroy）。理性、自然、精神（*Geist*）、文化、艺术、崇高、民族、国家、科学、人道、存在、社会、他者、欲望、生命力和人际关系：所有这些都时不时地充当了被取代的神的形式。[1] 弗雷德里克·杰姆逊写道，“可以确定在我们这个时代，宗教是一个含混不清、脆弱的话语场域，以至于它的语汇本身被其他事业

[1] 关于作为神之替代形式的国家，可参考19世纪天主教保守派迈斯特的说法：“国家是真正的宗教：它有着教条、神秘、牧师……它仅仅依靠民族判断（或者理性）而活，即，通过政治信念，也就是信仰”（引述自 Vincent P. Pecora, *Secularisation and Cultural Criticism* [Chicago and London, 2006] , p. 108）。施米特在其《政治的神学》中思考了政治主权概念的神学来源。随着类神的人际关系的发展，坚称这种关系正是最高的人类价值的布鲁姆斯伯里集团是克拉帕姆福音教派的精神后裔，弗吉尼亚·伍尔夫的父亲 Leslie Stephen 与其存在联系。参阅 Noel Annan, *Leslie Stephen: The Godless Victorian* (London, 1984), pp. 152–62。两个社团都以强力的精英主义精神为标志。

挪用。”[1] 如果现代性的宗教精神确实是含糊不清的，首先是因为稀释的信仰比教条的信仰更迎合这个怀疑年代的口味。适当地去除其教条，之后它就与世俗思想模式轻易相结合，这样就填补了意识形态缺口并且比正统宗教本身更具信服力地提供了精神的解决方案。

阿兰·巴迪欧，或许是我们这个时代最杰出的哲学家，他热诚地拥护上帝之死，却拒绝放弃关于无限和虚空的观念，这两者都具有神学的渊源。“上帝之死，”皮特·霍尔沃德评论巴迪欧的著作时说，“意味着……对我们自己无限性的严格肯
45 定。”[2] 如其所是，我们很难分辨这与 19 世纪的人道教究竟有什么不同，后面我们还会提到这一学术流派。在巴迪欧的判断中，解释学以其建构意义的热忱，试图取代神的地位，因为宗教在他看来本质上就是为现实赋予一定意义的这么一种欲望。

现代，全然不顾不可雕刻偶像的警告。更不必说它想出的那些神性的代理人无一能够还原为那个角色。它们都是凭自身力量形成的现象，而不仅仅是代理牧师或者其他什么事物伪饰的变体。然而宗教在人类历史中承担了关键的意识形态角色，以至于一旦它开始陷入声名狼藉，这种功能还是不

---

[1] Fredric Jameson, *A Singular Modernity* (London, 2012), p. 163.

[2] Peter Hallward, *Badiou: A Subject to Truth* (Minneapolis and London, 2003), p.7. 巴迪欧还犯了一个常见的错误，即假想“上帝是一”这样的宣言指的是数学命题。

能简单地被放弃。相反，它必须被各种各样的世俗思想模式所接管，而这不经意地帮助神性以一种更为隐秘的方式存活了下去。

“神学已经当了那么久的女王，”艾丽丝·默多克的小说
《天使之时》中的角色这么评论道，“她认为自己还能假装像
个女王那样去统治。”某些人将会在精神分析中发现一个宗教
的代用品，有大主教、忏悔仪式、原罪意识、本体论的罪恶
感、神性律令、宗派分裂和对深不可测的无意识类似神学似
的探究。瓦尔特·本雅明在超现实主义之中发现了一个关于
宗教体验的适当的世俗描述，以及一点点大麻制品（hashish）
的审慎参与。我们自己的时代在对二手神祇（second-hand
gods）的追求中则略少了些高尚。这个时代将宗教视作娱乐。
它确是娱乐，拥有着神圣画像、尊崇的传统、象征性的团结、
礼拜聚会和英雄们的神殿，是人民的鸦片。它同时还是人民
的文化，从这个词的两个主要意义上来讲:一种公共生活方式， 46
同时也是展示和欣赏那种大多数公民被普遍排斥在外的艺术
的机会。

或许到目前为止对失信的神最成功的替补就是文化的观念。我们将在之后的章节验证这个观点。然而同时，我们可以将注意力转向德国唯心主义哲学家们。他们保存了启蒙运动所有的普遍性的视野、总体化的内驱力，及其对坚实基础的探求，但是用精神（spirit）取代了理性来作为人类历史的主要动力。这个对科学、艺术、自然、历史和政治的概要认

知代表着现代最为惊人的知识综合体，充满着变革时代的欢欣与活力。在其尚不明晰的深奥之中的某处，已经可以感受到许多将成为现代思想重要来源的主题正在萌芽。[1] 尼古拉斯·博伊尔笔下这个时期的德国哲学就是“世俗化神学的主要范式”。对于德国的大学，他评论道：“诞育了系统化的唯心主义哲学作为世俗化的、国家中心的宗教替代品。”[2]

站在工业资本主义时代到来的时刻，唯心主义思想发现自己处在传统基督教义和正在慢慢发展的现代世俗化之间的风口浪尖之上。如安德鲁·鲍伊所写：“对这样一个（唯心主义）体系的需求源于认识到，如果物之序列中人的新位置将被理性地协商达成，那么宗教衰落造成的亏空必须被解决。”[3] “黑格尔，”尤尔根·哈贝马斯评论说，“在形而上学思想的条件下尽可能地完成了对犹太－基督教（Judeo-Christian）
47 传统的哲学借用。”[4] 此刻的超验，可以这么说，更多的是横向而非纵向的——探寻的是一个永恒超越自身的历史，通往未来的“基督全部神性”（*pleroma*）和完满的过程，而无关于那个躺在自己的宇宙之上的寂静空间的上帝。

---

[1] 赫尔德著作具有非凡的视野，他部分作为启蒙运动者，部分作为其后趋势的传令官，他综合了历史、神学、哲学、美学和自然科学，是这方面的典范。参阅 Wulf Koepke, *Johann Gottfried Herder* (Boston, 1987), Ch. 1。

[2] Nicholas Boyle, *Who Are We Now?* (Notre Dame, Ind. and London, 1998), pp. 163 & 202.

[3] Andrew Bowie, *An Introduction to German Philosophy* (Cambridge, 2003), p.94.

[4] Habermas, *Religion and Rationality* (Cambridge, Mass., 2002), p. 73.

不同于某些启蒙运动学者试图调和理性与启示，借用一个经典研究的标题，唯心主义者和浪漫主义者寻求一种“自然的超自然主义”。[1] 两者都以世俗语汇对宗教信仰进行了重写。比如，不难看出，精神被视作上帝的代理，这是相当精确的。精神，或自由，是世界的基础，但是它无法在世界之内被计算或者被捕捉为某个圣像；虽然它置身于自我的来源之处，却又无限超越于这个来源。对从赫尔德到荷尔德林这一系思想家来说，理性主义有漂白这个世界的内在价值的危险。问题就是如何恢复那个价值又不用过多借助于理性主义正起劲破坏的宗教概念。启蒙运动朝科学和自然哲学的转向留下了自己的痕迹，尤其是弗里德里希·谢林的自然哲学。必须避免机械唯物主义，但是不能以虚伪的超验为代价。精神（*Geist*）必须避免这二者，以一种已被建立的主体间性形式，就像在黑格尔那里一样，成为人类历史的主要推动力。由于不朽总是与时间的产物相关，它是超验的固有本质。精神和自然之间不存在什么终极对抗，就像作为精神的圣父和化身血肉之躯的圣子之间并不存在矛盾一样。如果精神能够从头开始重建现实，这一能力已为法国大革命耸人听闻地证明，这是因为世界是由它自身的材料秘密构建的。

对启蒙思想家来说问题就在于这种精神对自然的宰制怎 48
么才能不让人（Man）在自己取得了对自然的控制权之后疏

[1]　参阅 M.H. Abrams, *Natural Supernaturalism* (New York, 1971)。

远现实，无生命宇宙的主宰者无法交流也因此无法确立他的中心地位。它所拥有的意义不过是他自己所赋予的，不论在何处转身都看见自己的脸算得上是一种疯狂。将钱从一只手转移到另一只手可构不成任何经济交易，维特根斯坦这么提醒我们。权力的结果因此成为自我的内爆。这个绝对的统治者变成了克尔凯郭尔所称“没有国土的君王，统治的只有虚无”[1]。然而，如果像黑格尔和谢林认为的那样自然本身就充盈着至关重要的力量则不至于如此。精神就能转向现实而无需担心被其废止。这个世界就变得有足够活力来开始与人类之间的富有成效的对话。谢林相信自然必须从“它”转变为“你”，从客体转变为主体。[2]

男男女女因此感觉被固定在世界之中而未察觉到他们的自主权被破坏。自由不过是他们参与到这个壮观的自我驱动的整体中的一种独特方式而已。他们代表着世界自我觉醒之处的展露，因此他们可以通过自由决定的尊严来分享其内在生命，而雏菊和蚯蚓则无法做到。康德引入我们存在的那个裂口因此被修补了。我们可以安坐在自然的怀抱之中而无需担心受制于某种无灵魂的决定论，确保自我安全地建立——但是建立在自由的本质的原则之上，因此无损于我们作为自由人而繁荣兴旺。

---

[1] Søren Kierkegaard, *The Sickness Unto Death* (London, 1989), p. 100.

[2] 参阅 John Neubauer, *Novalis* (Boston, 1980), p.34。

和大多数唯心主义和浪漫派思想一样，这是一种隐秘的 49
神学版本。对正统基督教来说，上帝是所有存在的基础，是任何事物的可能性的条件，以至于要脱离上帝的掌控就是要脱离存在。然而因为他是无条件的自由，人类对他有依赖，即他创造之目的，就在于使自身达成完满。上帝是人类自由和自主的来源，而非对它们的压抑。有赖于神恩，男男女女才达成了他们的自我决定，正如他们通过对语言和文化的依赖所达成的。启蒙运动从其自身的路径中发现了这个悖论。上帝是自然和理性的主宰，但是他塑造了它们以达成自我决定。至少，在这个意义上，宗教的和世俗的就不是对立的。如果宇宙的自主源出于它与自己的创造者的生命共享，信仰就不是科学的敌人。

问题是，尤其是对某些浪漫派思想家而言，我们脚下是否确实存在一个基础，我们很难对其有什么准确的认识。这看上去似乎更像是信仰问题而非认识问题。和上帝一样，确实存在着一个无法被显现的我们主体性的基础——它比呼吸离我们更近，然而当我们试图作为自治主体而行动之时它必定会逃离我们的概念性把握。在这个意义上，上帝的缺席并不是一个值得遗憾的缺陷，反而正因如此我们成为自由人。我们当然可以回转向自身偷瞥一眼究竟何物将我们置于此处，通过自己的力量在超越主体性自身的优势地位看清自身。但是我们将会发现的不过是更多的主体性。如果存在的原则本身就是主体性的，那么就不可能反过来在其身后观察它究竟 50

依赖什么，因为我们如此展开的行动依然在主体性的框架之内。我们无法在思想之外思考自己。无疑这就是谢林评论说“自我意识是整个知识体系的光源，但是它也只能向前照而不能向后照”的时候心里所想的。[1]

就像传说中驮着世界的乌龟一样，主体性也自始至终在沉降。它也自始至终在回溯。在这个意义上，尤其是对费希特来说，主体就和传统上所认为的上帝一样是超验的存在。上帝无法被包含在他自己的宇宙中，就像眼睛不借助于镜面反射也无法在自己的视域里成为客体。他不能够和那些被创造物一同被计算，因为就是他首先将它们带到存在的状态。他不是一个或在宇宙之中或在宇宙之外的物。同样，全部的现实此刻在这个神秘的非实体中都有了起源、目标和存在的理由、主体；但是主体本身看起来则永恒地脱离了现实，正因如此显得背离了存在。一旦我们试着握紧这个善变的东西，它就会从我们手中滑落。使主体如此非凡的——即这样一个事实，其以与神近似的模式永远先于它所创造的世界——同样也是一种匮乏。从现象的世界被放逐，它只能被识别为其内心深处的雄辩的沉默。将主体与客体合一就像设想上帝和宇宙是两件事物一样犯了分类学错误。所有知识的来源都无法为其自身所知。我们的自反性是存在极限的。我们在与主体的神学打交道，而不仅仅是主体的哲学。

---

[1] F.W.J. Schelling, *System of Transcendental Idealism* (Charlottesville, Va., 1978), p. 34.

于是自由，或者说主体性，就是上帝的无数世俗名讳之一。“自由，”谢林写道，“是支撑一切事物的那个原则（one- 51
principle）。”[1] 它永远不会遭遇物的阻碍，因为物质世界背地里就是它自己的作品。存在（Being)，谢林乐观地评价，仅仅是“悬置的自由”。然而如果存在的基础是纯粹自由，最微小的使之概念化的尝试都要冒着弄巧成拙的危险。将纯粹的自我决定进行客体化，这个善变的事物除了行动和过程不会从自己体内生出别的东西，还要冒着识别的那一刻就使其消亡的危险。就像弗洛伊德的无意识，如果那个意识想要发挥自身作用，精神必须落到人类意识的视野之外。谢林写道：“无扎实基础的不朽，与每个个体如此依近，并且他们如果意识到它，就会被吓坏。”[2] 这种遮蔽的恐惧有着拉康的实在界（Lacanian Real）的意味，崇高的可怕空虚也是如此。对费希特、施莱格尔、施莱尔马赫来说，不存在对这个基础的概念性知识，因为纯粹自由是绝对的空白或否定，即根本没有可被认知的客体。同样，对犹太－基督教神学而言上帝也无法被把握——不仅是因为我们的心灵太过虚弱而无法理解这样崇高的实体，而是因为他首先就不是任何一种实体。

---

[1] Ibid., p.35.

[2] F.W.J. Schelling, *Abyss of Freedom* (Ann Arbor, 1997), p. 93. 关于谢林思想的一个近期的敏锐梳理，参阅 Matt Ffytche, *The Foundation of the Unconscious* (Cambridge, 2012)。一个关于谢林的极具独创性的解读可参阅 Slavoj Žižek, *The Indivisible Remainder* (London, 1996), 这个研究将他看作马克思的唯物主义先驱。

中产阶级文明最为重要的原则，自由，因此处于被惊人的不确定打击的危险之中。主体似乎是个一旦我们为其命名就会消失不见的神秘幽灵。我们被必须对我们保持含混不清之物所构建。事实上绝对（Absolute）虽然不能被普通的推理所把握，它却能通过黑格尔的辩证法展现自身。它还能被实践（费希特）所理解或者被直觉（谢林）所感知，以一种反
52 映了上帝特有的对事物知识的直接性方式。仍有一些思想家坚持它的存在能够在试图将其固定的徒劳尝试中被感知。即便如此，这个原则的捉摸不定仍然是不安的来源。如果主体现在被推崇到无限的状态，在它的怀抱中隐匿了无限的能量，同样可以声称（因为无限就是绝对否定）在它的核心的是一个令人恐惧的虚无。它的自我展现没有终点；但是也正因如此它无法以任何它的个体努力来说明自身。无限性既是我们的胜利又是我们失败的原因。主体性，和被它篡位的神性一样，是无底的深渊，一个既令人恐慌又使人兴奋的思想。在什么意义上深渊能够作为基础了呢?

如果主体被证明是如此难以把握，主要原因就在于有一个外部的主体性形式以其不可测的深度、永恒的运动、无限的意志和动态的自我塑造来威胁着打破传统思想的界限。肯定的是，这称不上完全新颖，这个人性的概念有着著名的谱系；然而它不是伏尔泰和詹姆斯·博斯韦尔乐于承认的那种实体。你怎样为如此不稳定的事物界定概念呢？这个充满欲望的、有创业精神的、被永恒驱动的生物诞生于一个体系和

逾矩愈发无法分辨的社会秩序之中。现在存在一个潜力无限的外部生产力模式，一种与所有对称性和均衡为敌的源源不竭能量或者“糟糕”的崇高，并且威胁着回绝所有稳定的代理。[1] 富于创业精神的主体需要某种稳定的形式——法律、政治、文化等等——如果它试图茁壮成长。问题在于其本身不
息的动力不断地威胁着要颠覆它们。文明因此陷入了那个唯 53
心主义思想试图将其拯救出来的危机中。

尤其是黑格尔试图完成这个任务。在他看来，精神能被把握并被涵盖进完整的制度中，这一制度为最坚固的基础所支持。如我们所见，处于那个概念性体系的最中心处的某物——主体性——试图从他们手中滑落。他们承受着被正是他们试图解释的原则分解的威胁。黑格尔及其某些同事的成功就是在最为善变的现象中发现了（所有事物的！）绝对基础——在主体对自身的直接在场，主体和客体的绝对同一中去找寻，或者在主体性是我们无法继续向下探究的基础这个事实，整个世界绕其旋转的轴线中去找寻。

* * *

如果主体排斥概念，那么它可能反而经常将自身交托给想象。或许就是随着浪漫主义（新古典主义者 T. E. 休姆讽刺

[1] 参阅 Terry Eagleton, *The Ideology of the Aesthetic* (Oxford, 1990), Ch.8。

地将其称作“泛滥的宗教”）的出现，那个被称为艺术的意象宝库才真正开始与宗教信仰竞争。[1] 即便如此，唯心主义此刻为其扫除了障碍。黑格尔或许认为艺术低于哲学，但是谢林将其赞扬为“哲学意识的公共模式典范”[2]。在他看来，艺术以自发性协调了意志，以无意识协调了意识的心灵。就这样，它为我们存在的那个基础提供了一个宝贵的洞悉，也就是在整体自然中自我生产力的无意识过程。人类主体是自我意识产物的一种形式；但这种自我塑造同时也是它参与到世界的
54 方式，即按照其自身强大的法则，将自己永久地幻化为存在。主体和客体，文化和自然，自由和必然，因此能够被协调。艺术作品的功能正是以可感知的形式表现自然的自我生产，由此让我们对那个过程的可理解性有了珍贵的洞察。“客观世界，”谢林写道，“仅仅是……精神的无意识诗篇；哲学的一般思维工具——其整个拱门的拱顶石——就是艺术哲学。”[3] 正是艺术使我们接触了现实的内在运作，以一种至少在谢林看来是概念所不能的方式提供给我们关于绝对（Absolute）的知识。他在《先验唯心论体系》中评论说，艺术描绘了变得客

---

[1] T.E. Hulme, *Speculations* (London, 1987), p. 118. 浪漫主义理论，M.H. Abrams 评论指出，保持着传统基督教概念和传统基督教情节，但是去神秘化、概念化……(*Natural Super-naturalism*, New York, 1971, p. 91)。

[2] 此短语来自 David Simpson, 见其 *German Aesthetic and Literary Theory* 前言 (Cambridge, 1984), p. 15。一个关于谢林思想的有价值的介绍参阅 Joseph L. Esposito, *Schelling's Idealism and Philosophy of Nature* (Lewisburg, Pa. and London, 1977)。

[3] Schelling, *System of Transcendental Idealism*, p. 8.

观的直觉。永恒的理性观念在卑微的物质上现身，就像精神的圣父道成肉身化为圣子。

然而，我们无需放弃将这个羞涩的生物，即主体，圈禁起来的全部企图。对谢林来说，艺术是我们有幸接近主体性这个狡猾的非物（non-thing）的特殊形式。对费希特来说，主体也是可被认知的，但是要将其设想为实践而非客体。一旦将主体视作行动者，而不是沉思的来源或者感知材料的被动容器，许多哲学问题就开始消解了。费希特的主体是在安置自身的行为中认知自身的特殊生命。它的存在和自我认知因此是同一的。

费希特式的主体如此权势显赫，以至于它自身所秘密创
造的物质世界无法对其设计进行名副其实的抵抗。自我无止
境的努力，这样一个无止境的欲望，是一切现实可能性的条
件。“没有努力，没有客体”是费希特的口号。“只有达到任 55
何事物都涉及自我的实践能力的程度，”他写道，“（它）才具
备独立的存在。”[1]在对全能力量的幼稚幻想之中，没有真正的
他者。即便如此，这个尽享特权的主体必须屈尊去征服。只
有通过自我设限，变出各种实体对抗来进入有限之中，惟其
如此，这种纯粹的、不受限制的自由才能变得足够确定以意
识到自身。仿佛这个过分自信的企业家以反常的方式阻碍了
自身的自由，仅仅是为了对绊脚石施以拳脚并享受自身的权

[1] Fichte, *Science of Knowledge* (Cambridge, 1982), p.248.

力。对弗洛伊德而言欲望惧怕在实现目标过程中失去自我，却在其为自己设置的障碍处勃发。或许此处有对这一欲望的遥远的类比。费希特所谓的绝对自我，神的另一个临时代理人，是无限的、以自我为基础的、自因的、自发的、无意识的、无条件以及非被决定的。它只能通过自我定位的行为来直观自身，其中自我既是无限的又是有限的——也可以说，圣父与圣子——自发地融为一体。[1]

虽然费希特并非特别精通于美学，这个主体所拥有的却不仅是与艺术作品的共鸣。如审美制品一样，它是自我建立和自我决定的；也同人工制品一样，它把秘密地由它自己创造的东西呈现为客观，构成其所知之物。这个自我的“存在和本质就在于它将自己假定为存在物这一事实”，因此“它为自己存在”[2]。如果艺术在谢林眼中是窥探宇宙内幕的关键，人类活动在费希特这里则常常有着某种艺术的感觉，因为通过赋予现实以形式，它能够自由决定世界以某种特定方式存在。

56 然而在某种意义上，所有这些有胆识的美学论述都是徒劳的。艺术或许比哲学更直观，图像或许比概念更令人信服，但是它给大众留下的印象仍是冰冷的。它太渺小不足以替代

---

[1] 对费希特思想的研究，参阅 Anthony J. La Volpe, *Fichte: the Self and the Calling of Philosophy 1762–1799* (Cambridge, 2001), 这部著作对其民族主义相当之轻描淡写。无政府主义思想家麦克斯·施蒂纳也宣扬绝对利己主义哲学。有人曾好奇施蒂纳夫人对此作何感想。

[2] Fichte, *Science of Knowledge*, pp. 98 & 99.

宗教信仰，后者将无数普通男女的日常行为与最崇高的真理联系在一起。历史上还没有什么符号体系可以在这方面稍微与其进行竞争。最后，唯心主义被证明是太过理智的学说，如一些浪漫主义作家其后所批评的。它或许以一种多多少少不那么洁净化的精神取代了启蒙思想家的理性，但是它发现难以将自己的真理转译于日常语汇之中。就它们所有的故弄玄虚而言，这可不是一个教会易犯的错误。

* * *

如果不存在关于自由的不可磨灭的想象——如果资产阶级自由的时代是一个破坏圣像的时代——那么某些令人不安的政治后果恐怕就会接踵而至。权力，为了发挥效力，就必须将自身镌刻进感觉之中。教会以及出类拔萃的罗马天主教，无需学习如何使神性在感觉上具象化为手势和表演、焚香的气味、十字褡的颜色或者膝盖的弯曲。意识形态成为这样一个所在，在其中抽象命题渗透进感官生活，绝对价值在历史时间内铺展，偶然事件充满了必然性意味并且义务被熔炼进自我实现的情感之中。

我们已经看到了对文化或者说生活经验的忽视是怎样削弱了启蒙理性的力量。唯心主义者和浪漫主义者则试图
不要重蹈覆辙。在可能为谢林作品的黑格尔手稿中的匿名文 57
章《德国唯心主义最古老的系统纲领》中有清晰的显现。“除

非我们使理念成为审美的，也就是说，神话的，”作者坚称，“否则它们对民众毫无益处。”[1] 如果哲学试图统治民众，必须要有“感觉的宗教”，在其中诗歌会成为“人类的导师”。哲学不论何种情况都需要这种可感知的显现，然而当它试图成为街道和小酒馆之中的力量之时这种需要变得更加迫切。为达目的，它必须创造一个“理性的神话”，将实体与抽象，感性与理性相调和。这个情况体现了精英知识分子的双重真理学说和激进启蒙思想家认为大众可以被启蒙的观点之间的妥协。大众事实上能够分享真理与理性，不过是以虚构的、情感的、比喻的形式。

“神话必须哲学化以使民众理性，”《纲领》建议道，“而哲学则必须神话化以使哲学家们诉诸感觉。”[2] 正如尤尔根·哈贝马斯评价，艺术“以一种新的神话形式再次获得了自己的公共角色”[3]。荷尔德林多次强调在将分裂的社会融为一体时共享神话的必要性。和许多其他人一样，他认为古希腊存在这种理想的情况，将其视作高度文明和未受破坏的自然之融合，自发性和文明的自我觉醒之融合。弗里德里希·施莱格尔在《关于神话的谈话》中评述自己的国家目前尚不存在神话，但

---

[1] Frederick C. Beiser (ed.), *The Early Political Writings of the German Romantics* (Cambridge, 1966), p. 5（稍有改动）。

[2] Ibid.

[3] Jürgen Habermas, *The Philosophical Discourse of Modernity* (Cambridge, 1987), p. 89.

是很快就会拥有一个。一个多世纪之后德国的确创造了一个成熟的神话，虽然不是施莱格尔本人所乐见的那种。

神话，于是作为一个新的宗教形态，将普通民众与知识分 58
子整合进一个单一的计划中。在这个意义上，哲学与神话的结合是一种阶级融合。要使二者融合就要为理念（ideas）增添形象和寓言的有形力量，从而将理性带到普通民众的界限内。艺术和神话二者都取消了感知与理解之间的对立，事实上（如施莱尔马赫指出）语言自身也是这样。如果那么多的德国浪漫主义者视斯宾诺莎为偶像，绝大部分原因也是他们发现他的思想正是以这样一种方式将理智与感知相调和。[1] 即使严厉反对传统信仰的康德都坚持知性必须依靠卓有成效的想象。

“人类知识与幸福的全部财富就在于形象”，约翰·格奥尔格·哈曼这位因其对理性神学的排斥对克尔凯郭尔影响颇深的学者如此说，[2] 诗意的缪斯将会“从对抽象的非自然运用中提纯出对感知的自然运用。由于使用前者，我们对事物的概念就像造物主的名字被压抑和亵渎一样受到伤害”[3]。这种死气沉沉的

---

[1]　参阅 Frederick C. Beiser, ‘The Paradox of Romantic Metaphysics’, 见 Nikolas Komprides (ed.), *Philosophical Romanticism* (London, 2006)。

[2]　Johann Georg Hamann, *Writings on Philosophy and Language* (Cambridge, 2007), p. 63.

[3]　Ibid., p.79. 涉及哈曼的一篇有价值的论文，尽管对其中心性的断言多少有些过于自信，参阅 John Milbank, ‘The Theological Critique of Philosophy in Hamann and Jacobi’, 见 J. Milbank, C. Pickstock and G. Ward (eds), *Radical Orthodoxy: A New Theology* (London and New York, 1999)。

概念必须回归到身体的生活中，哈曼以热情的文字风格提议并执行着这一回归。推理的必须被凝炼成为直觉性的。如果谢林及其众多同伴轻蔑地取消了寓言，主要是因为寓言式的能指和被尊崇的象征不同，挑拨了感知与理解之间的关系。非感知的（non-sensible）理念在某些程度上被视作具有侵犯性的，尤其是因为它们被认为是与大众的旨趣不相宜的。人民希望看到神迹（sign），启蒙运动像唾弃迷信一样唾弃这种渴望。善和真都
59 必须相应地转化为美，以便哲学和大众能够共融。济慈的“美即是真，真即是美”赞美的就是理性与感性的结合。在宣告艺术的死亡之时，黑格尔预测这项事业的阻碍之一将是随着现代性进入晚期阶段，艺术自身变得越来越抽象。

谢林的理性的神话并非马克斯·霍克海默和西奥多·阿多诺在启蒙运动中所发现的那样。对他们来说，这个短语并不是说理性必须转变为神话，而是这就是它一直以来潜藏的样子。理性和神话实际上是同一个叙事的不同阶段，是为了以某些秩序模式征服自然所做的相同尝试的变体。“正如神话已经蕴含着启蒙运动，”霍克海默和阿多诺评价，“启蒙运动随着自身步伐也越来越深陷与神话的纠缠。”[1]《启蒙辩证法》主张，神话和理性都包含了对自然的掌控、对不可归类的消除、抽象同一性原则以及将物质世界向符号或者科学公式的划归。

---

[1] Max Horkheimer and Theodor W.Adorno, *Dialectic of Enlightenment*(Stanford, 2002), p. 8.

"所有的神话，"马克思写道，"都以想象的方式克服、控制和塑造着自然的力量。"[1]对它的某些批评家来说，抽象理性主义仅仅是复杂版本的克劳德·列维–施特劳斯的《野性的思维》，有其一丝不苟的、几乎是痴迷的对自然世界的分类学。

由于那熟悉的对回归的坚持，每个场景只是些微的外观差
异，这个神话的或者理性主义的世界的时间呈现为自我封闭，
以至于不可能突然出现任何真正出乎意料之事。发生的每件事
都早以某种形式发生过，因为神话是循环的，而理性揭露的是
一个无处不同的世界。被神话视作宿命的，科学理性则视之为 60
自然法则的必然性。两种认知形式都无法绕回到自身之上，以
理解将其置于此位置的状况。此外，正如知识对启蒙运动而言
在一定程度上是权力的工具，那么神话也可以被如此看待。大
体上，两种模式都排斥知识与作为批评条件的权力的割裂。于
是启蒙运动"复归到它从未能成功摆脱的神话中去"[2]。商品拜
物教就是这样一种原始巫术。它是迷信和偶像崇拜在理性时代
的清醒头脑中能够存活下来的无数方式之一。

* * *

启蒙理性可能会渗透进神话，但是它也会将神话征召为

---

[1] David McLellan (ed.), Karl Marx, *Grundrisse* (London, 1973), p. 31.

[2] Horkheimer and Adorno, *Dialectic of Endightenment*, p. 20.

自己的思想。比如，强调基督教和异教神话之间的类同，可能是使前者失信的间接方法。然而对谢林及其同伴而言，关键不在于像某些启蒙运动的辩护者那样揭下神话作为幻象的面具，而是将其利用于理性目的。一个在大众之中广泛传播的新神话，绝不能显示为理性的敌人。相反，它必须为理性提供一个迫切需求的物质载体。公民之间断裂的纽带，以及自然和人类之间岌岌可危的结盟，可能被形象和信仰的结合所恢复。少数人的理念和共同意见，高深的理论和大众实践，将不复剑拔弩张。神话将会承担被取代了的宗教的功能，以一个共享的象征秩序将神秘的与世俗的、牧师（或者哲学家）与俗人
61 （或大众）团结在一起。由启蒙运动造成的在以理念为生的小集团和以形象为生的大众之间的鸿沟因此被桥接起来。

“文化”这一术语的两个主要含义也因此被富有成效地结合。作为某种珍贵的图标与见解的文化稳定地散布于作为整个生活形式的文化之中。诗人和哲学家将被授予世俗牧师的身份，艺术或神话则转变成为一系列类圣性的（quasi-sacred）习俗。个人主义和将自然视作无机物质的枯燥理性强加给人类精神的伤害因此得到修复。一个更为有机的日常生活的意识形态将会逐步形成，因康德的思想而分裂开的认知的、伦理的、美学的领域将由它再次结合。

讽刺的是，那个被哲学认可从而成为合法存在的大众神话其自身即是一个理性主义者的假想。它就像想象着某人能够靠做梦去发号施令一样。谢林的讲述更为现实，虽然还有

着少许悲怅，等待历史“将神话作为普遍有效的形式归还我
们”[1]。神话，与其他所有事物一样，有它的物质条件。如果马
克思将神话思想视作早期试图为自然强加上秩序的尝试，他
同时还指出当这种统治被现代科学手段实现之时，神话思想
则趋向于消失。他在一个著名篇章里这样询问：“成为希腊人
的幻想的基础，从而成为希腊神话的基础的那种对自然和对社
会关系的观点，能够同自动纺机、铁道、机车和电报并存吗？
在罗伯茨公司面前，武尔坎又在哪里？在避雷针面前，朱庇特
又在哪里？在动产信用公司面前，赫尔墨斯又在哪里？”[2] 在纳
粹德国，神话的历史条件是随着复仇而显现的。如果要在什
么地方发现神话的废墟，它就在第三帝国的瓦砾之中。瓦尔 62
特·本雅明宣称神话会存续到最后一个乞丐的消失。不论如
何，哲学自我反思的追求是怎样将自己转化为一个普遍被认
为不自知的象征模式的呢？难道神话不是像弗兰克·克默德宣
称的那样是那些已然忘记自己是虚构的虚构吗？[3]

同样，社会存在的象征维度也需要被恢复。正如我们已经看到的，工业中产阶级的窘迫之一，就是它与生俱来的思考方式（理性主义、实用主义、世俗主义、物质主义、功利主义等等）易于破坏它自己的社会再生产所必需的象征资

[1] F.W.J. Schelling, *The Philosophy of Art* (Minneapolis, 1988), p.75.

[2] McLellan (ed.), Marx, *Grundrisse*, pp. 30–1.

[3] Frank Kermode, *The Sense of an Ending* (NewYork, 1967), p.41.

源。[1] 很难从如此单调乏味的原料中产生特别有益的世界观。自由主义和功利主义作为象征形式进展得并不顺利。此外，个人主义是个引发分歧的信条，它并不适宜于组织认同的理念。工业资本主义因此发现很难产生一个属于自身的“有机的”意识形态，于是必须依赖于从别处舶来的意识形态。柯勒律治的知识阶层统治的农村，托马斯·卡莱尔的封建制英格兰以及孔德与圣西门的世俗化宗教正是这样的范例。如此，还有约翰·斯图尔特·穆勒以一点点柯勒律治式的唯心主义去弥补杰里米·边沁的想象缺陷的尝试。[2] 由于古怪的时代偏见，头脑冷静的市场社会浪漫地幻想着时髦年轻的贵族领袖和家长制的中世纪修道院长。[3] 单调无聊散文式的现在被迫向过去寻求诗意。值得注意的是这与马克思的对比，他在《路易·波拿巴的雾月十八日》里拒斥所有这种历史嫁接和再利用。

63 对工业资本家来说，要提出一个能够抓住民众心灵和头脑的幻象并不容易。如果想要为它的世界观弥补一定的情感和象征的亏空，它需要一个更为传统的价值观的混合物——信仰、忠诚、崇敬、有机结合、超验真理、形而上学约束、等级秩序。从柏克和卡莱尔到普金和拉斯金，英国激进浪漫主义遗产专注于完成这项任务。20 世纪其最杰出的继承者之

[1] Jürgen Habermas, *Legitimation Crisis* (London, 1976) 与这一问题有关。

[2] 参阅 F.R. Leavis (ed.), *Mill on Bentham and Coleridge* (London, 1950)。

[3] Benjamin Disraeli 的 *Coningsby* 三部曲及 Carlyle 的 *Past and Present* 分别印证了这些幻想。

一就是 D. H. 劳伦斯。社会生活越理性化，策略就变得越发重要，但同时它也就更容易显得不合情理。纺织商通常不会成为令人信服的史诗英雄，工业化的曼彻斯特也无法彻底改造成中世纪修道院。问题的根源在于资本主义的经济生活比以往的生产模式对经济之外的价值依赖性都要小这样一个事实。人不是为了上帝、荣誉、祖国或者专制领主去炼钢的。由于经济活动并没有多少内置的精神目的，那么就需要从其他地方引进意义，这种结合的尴尬显而易见。

此种处境的反讽是明显的。正是那个以自发的世俗化关系瓦解了宗教的制度对宗教所能提供的象征性统一有着最迫切的需要。如果传统信仰不再提供这种凝聚力，新型的信仰就必须被创造出来：从神话到人道教，从文化到希腊精神，从崇高的维多利亚时代中世纪精神到 F. H. 布拉德雷的新黑格尔主义或者涂尔干的原质社会。你可以抛弃宗教信仰走向尼采，以费尔巴哈主义者、圣西门主义者或者实证主义者的方式破除其神话色彩，以马克思的风格试图去改变诞育它的条件，如 F. D. 莫里斯 64
那样将其视作社会批评而不是主流意识形态，或者像克尔凯郭尔那样用激进的新教怀疑论去迎接社会共识的整体概念。然而不难感觉得到，虽然传统形式上的宗教快速败退了，其形形色色被兜售的替代者在很大程度上过于晦涩、理性或者明显的不真实以致无法取信。那些已经不再崇敬罗马教皇的人也不太可能转而汇聚于巴黎的人道教大主教奥古斯都 · 孔德的麾下。

向神话求助所试图矫正的就是这个中产阶级社会的象征

亏空。[1] 本着这种精神，虽然赫尔德的启蒙信仰认为纷繁的人类活动中“运行的只有一个原则，那就是人类理性”[2]，他还是猛烈抨击了理性主义者的错误想法，即启蒙从来都只是个理解的问题。相反，它必须触及到社会行为的主要动因，即普通男女的虔诚和情感。理性对赫尔德来说是个历史官能，它将以纷繁多样的文化形式去实现其不可阻挡的目的；而它想要证明其有效性则必须扎根于感官的生活。在与他伟大的导师康德的争论中，身为最早一批伟大的现代理论家之一的他甚至求助于某种唯物主义，断言康德哲学不仅忽略了语言，而且康德的时空范畴也依赖于语言和身体。大卫·休谟在这方面预见到了他的观点，强调如果哲学要给出一个关于神的可信的解释，“必须找到可以影响感知和想象的方法”[3]。

65 赫尔德坚称，启蒙运动对大众经验的蔑视已经使普通民众与他们自己的文化之源疏远。[4] 为了与之对抗，他自己从魏

[1] 例如可参阅 Schelling, *The Philosophy of Art*。

[2] Johann Gottfried von Herder, *Reflections on the Philosophy of the History of Mankind* (Chicago and London, 1968), p. 99.

[3] David Hume, *Essays Moral, Political, and Literary* (Oxford, 1966), p.170.

[4] 关于赫尔德对这些问题的思考，参阅 I. Evrigenis and D. Pellerin (eds), *Another Philosophy of History and Selected Political Writings* (Indianapolis, 2004)。另请参阅其‘On the Modern Uses of Mythology’，见 *Johann Gottfried Herder: Selected Early Works, 1764–1767* (Pennsylvania, 1992), 以及关于其著作的介绍性论文，收集于 Hans Adler and Wulf Koepke (eds), *A Companion to the Works of Johann Gottfried Herder* (New York, 2009)。

玛古典主义转向民间艺术。为了向他们令人讨厌的精英主义妥协，启蒙思想家支持诸侯与暴君，背叛了自己启蒙大众的使命。如果他们不这么做，他们会挫败而怯懦地退回到纯知识分子领域之中。启蒙运动，赫尔德控诉，被用来证明殖民压迫的合法性，因此证明了自身是反诗意的权力，窒息了创作出最真挚诗歌的民间。魏玛古典主义是冷漠和纯粹主义的，疏离了平凡之物并且对外国文化态度冷漠。文学必须变得更加接地气和具有吸引力。历史不该是政治家的而应该是诗人、先知和远见卓识者的作品。它是民族的（nations）而不是国家的（states）叙事。

作为一个文化研究的先驱以及一位非西方世界文明热情的辩护者，赫尔德呼吁一个更为通俗的文化定义，包括民俗学、民族文学和大众风俗。在这方面他和德国浪漫主义作家路德维希·蒂克是一致的，蒂克曾在自己的多部小说中深入描写过民俗和大众文化。[1]与之后的马克思和恩格斯一样，赫尔德也惊人地预见到了现代生态政治学。他宣称："不要以为，通过砍伐森林开垦土地，人类艺术能够以专横的权力把一个

[1]　特别参阅 'Eckbert the Fair'，见 H.von Kleist, L.Tieck and E.T.A. Hofmann, *Six German Romantic Tales* (London, 1985)。另请参阅 Tieck in Carl Tilley (ed.), *Romantic Fairy Tales* (London, 2000)。关于蒂克的一个不加批判的研究文本可参阅 William J. Lillyman, *Reality's Dark Dream: The Narrative Fiction of Ludwig Tieck* (New York, 1979)。

外国地区一下子变成另一个欧洲……”[1]应该还记得，这些观点的作者自身是启蒙运动的使徒：一个自由主义者、普遍主义者和平等主义者，传播着关于理性、进步、可完善性和人性
66 本善的福音。他射向这场运动的利箭因此成为所有批评中最使人不安的，即内部人士的批评。[2]作为一位文化多元主义和人类事务中语言所起关键作用的捍卫者以及一位纯粹理性的批评家，赫尔德在某种程度上是一个更文明版本的哈曼，除了他热烈的神秘主义。[3]

以类似的通俗风格，费希特在其《人的使命》前言中谈到这部著作的目标读者群不仅限于专业哲学家，并且“应该对每一个能读懂书的读者来说也是可理解的”[4]。然而费希特其他的作品即使对专业的哲学家来说也鲜有几部能够被轻松理解，尤其是对母语为英语的人。即便如此它们还是没有像谢林的《先验唯心论体系》那么难以理解。费希特《全部知识

---

[1] Herder, *Reflections on the Philosophy of the History of Mankind*, p. 31.

[2] 关于赫尔德的启蒙运动背景，参阅 A.Gillies, *Herder*(Oxford, 1945), 一个多少带着轻率的评论坚称“没人如此深入过人类事务的起源”作为他专题著作的主题 (p. 91)。一篇涉及赫尔德历史相对论的有价值的论文详见 A.O. Lovejoy, *Essays in the History of Ideas* (Baltimore, 1948)。

[3] 观点来自 Frederick C.Beiser, *Enlightenment, Revolution, and Romanticism* (Cambridge, Mass. and London, 1992), p. 196。

[4] M. Chisholm (ed.), Johann Gottlieb Fichte, *The Vocation of Man* (Indianapolis and New York, 1956), p. 3. Robert Adamson, *Fichte* (Edinburgh and London, 1881) 某种程度上留下了明晰得令人敬佩的综合研究。

学的基础》的第一句话就宣称这本书不是为普通大众撰写的，这则警告对于哪怕读了一页的人来说都是多余的。这就是某些思想家的命运，他们的著作试图以内容吸引普通民众但是以形式吓退了这些人。启蒙运动反对教权的抨击论著本无意于大众，却比许多唯心主义或浪漫主义挖空心思讨好普通民众的著作更易为非哲学家所接受。

新神话的理念从赫尔德、谢林及其同行传到弗里德里希·尼采，又从那里传至乔治·索雷尔、现代主义、法西斯主义。然而它并不是没有争议的。成熟期的黑格尔不是理性神话的狂热分子，虽然乔治·卢卡奇在其后将他定义为神话编写者（Mythologiser）。黑格尔的理性观念，卢卡奇断言，是“把未能具体地理解为历史进程的现实投射到神话中”[1]。然而如果诗歌对某些浪漫主义者来说注定取代哲学，在黑格尔看 67
来则正相反。他在《精神现象学》中轻蔑地写到“以具象化理念思考的习惯”，这种思维方式认为抽象思维的侵入是麻烦而令人不快的。[2] 理性被人造物公然冒犯，他拒斥这个人造物，因其既非鱼也非鸟，既非诗歌也非哲学。佩里·安德森指出黑格尔著作中并没有真正的文化的概念，这个术语从未于其中出现过。[3] 社会现实成长得太复杂、太自知，以至于无法

[1] Georg Lukács, *History and Class Consciousness* (London, 1971), p. 187.

[2] G.W.F. Hegel, *The Phenomenology of Mind* (London, 1949), p.143. 黑格尔的艺术观主要见其 *Aesthetics: Lectures on Fine Art*。

[3] 参阅 Perry Anderson, *A Zone of Engagement* (London, 1992), p. 291。

再被一个形象所把握，这也是艺术作为认知形式现在必须将首要地位让给哲学的原因。真理必须征服感知。艺术能够为古希腊提供关于社会现实的图像，但只是因为他们的世界缺少现代性的理论自觉，艺术对黑格尔而言大体上是无意识的事务。在这种情况下，艺术家能够清晰表述一整个文化的世界观。但是现在，艺术几乎无法在自身之外获得共鸣。这就既标志着它的解放也标志着它被去掉了内在。它被自己的性质限定于某个特定内容，因此无法为这个时代提供一个总体性图像——这个总体性现如今已经变得像神自身一样崇高得不可表征，只有概念才有可能使我们得到它。就像大卫·罗伯茨所写，“艺术如今在理论中找到自己的完整理解与正当理由。”[1]

黑格尔不会知道艺术在一定程度上会因为那被他视作为其敲响丧钟的原因而存续。它正是在现代性将其丢进的巨大危机中获得了新的强大的生命租期。它看上去越是问题重重，就越是能够从它面对的自身那近乎不可思议的存在困境中获
68 取新鲜的资源，正如浪漫主义让位于象征主义，象征主义让位于唯美主义，唯美主义让位于现代主义而现代主义又让位于后现代主义。黑格尔也不会知道艺术最终将为自己找寻到一个新的角色——在所有不可能的任务之中！——在一个不可知论的时代被要求充当宗教的替代品。

---

[1] David Roberts, *Art and Enlightenment* (Nebraska and London, 1991), p.10.

康德，众所周知地反对雕刻偶像，认为道德律比其自身任何一个可感知的形象都更为崇高。我们不会由于“图像和幼稚的装置”的诱惑屈从于它的摆布，这种顺从根本不会构建任何美德。当然，他承认这个立场的危险性。如果道德真理被剥夺了所有将之委托给感知的可能，他在《判断力批判》里质问，它只能激起“冰冷而没有生命力的赞许”，而不是什么真正驱动性的情感吗？确实如此，他回答——当事物不再“接触感知之眼”，道德的理念就会更为坚持地以其自身对我们施加影响，因为它不受物质媒介的阻碍。崇高不是至少像美一样打动我们吗？[1]

作为一个基督徒，康德或许反思了对他的信念来说确实存在一个关于崇高的不可言说的可感知形象，即一个被谩骂的政治犯的受折磨的身体。雕刻的偶像，并非人类的形象，是反对偶像崇拜及实体化的摩西十诫所禁止的。如果不可能有人为塑造的耶和华形象，也是因为他唯一的真实形象就是人类自身，一个特定的人类个体。不可言说的可感形象普遍被视作符号，另一个羞怯的神学面向。[2] 卑贱之物如何带有无限意味的典型就是那个称为耶稣的肉体凡胎如何是上帝之子的化身。

“感官再现，”弗里德里希·席勒辩称，“一方面来说是丰 69

[1] Immanuel Kant, *Critique of Judgement* (Oxford, 1952), pp.127–8.

[2] 针对这一主题的时兴的、杰出的、博学的表述，参阅 Nicholas Halmi, *The Genealogy of the Romantic Symbol* (Oxford, 2007)。

富的……另一方面来说也是有限和贫乏的，因为它将自己限定在个体和个例之中，而这些本应该被作为整体范畴来理解。因此它赋予了想象（imagination）多少优势就相应缩减了多少理解（understanding）。”[1] 概括来说（*in nuce*），这里就是进退两难的症结所在。在现代社会，理解和想象似乎是在不同的领域内运动。我们能够理智把握之物则失于实体再现，这就是它的复杂和不可感知性。社会存在越是抽象，它就越是在（传说中）一度彼此和谐的人类天赋中间凿开缺口。然而不断增长的社会生活的抽象状况还与它异化的、破碎的本性紧紧捆绑在一起；以至于在这样容易分裂的环境之下，国家认为特别需要将它的公民融合进一个共同的躯体。这也就产生了对有形的偶像和可感知形象的需求。某些唯心主义者和浪漫主义者的希望就是理性和想象力能够再次富于成果地共存。理性的神话就是这样一个将它们结合的尝试。

* * *

为了使其真理影响到日常经验，宗教总是利用形象、典仪和叙事等手段。理性现在必须努力做到同样的事情，不管是通过新神话还是通过那个产生于 18 世纪中叶德国的被称

[1] Friedrich Schiller, ‘On the Necessary Limitations in the Use of Beauty of Form’, 见 *Collected Works* (New York, n.d.), vol. 4, pp. 234–5（略有修改）。

作“审美”的古怪的新型话语。后者在弗里德里希·席勒的
《审美教育书简》中有所概述，其背后隐约浮现出康德严厉的 70
新教偶像破坏主义的幽灵。席勒当然是个康德主义者，但是给予他论文伟大灵感的是对他的导师的道德理论永远无法有效转变成社会意识形态的担忧。康德的理性太疏远于感性生活，与植根于日常生活的肉体有太多冲突。它带着几分弗洛伊德的超我对其征服的需求和本性的虐待式忽略。在席勒看来，理性的能力需要像第五纵队队员那样潜入感性的领域，从内部对其进行调和与完善从而使其能够自发地接受道德律的命令。简单说，理性必须不再表现得像个偏执而专制的君主（prince），对大众臣服于它的敕令的善良意愿给予太少的信任。和神话的拥护者一样，席勒急于在哲学和民众之间构建起桥梁，就像理性伸手握住感性生活一样。两种构想——新神话和美学——试图重新创造宗教的雅努斯的两面（Janus-faced）性，指望一手把握崇高真理，另一手把握日常存在。

将理性和感性联结在一起是美学——这个概念起初与艺术并无关联——的职责。根据这个术语的词源学解释，它主要涉及感觉和知觉。现代意义上的美学是指诞生于启蒙运动中心的一种科学——作为理性的某种补充物或谦逊的女仆，试图使感性生活臣服于其统治，使无序的领域成为有逻辑的。[1]因此，它是启蒙理性的延伸而不是像浪漫主义所认为的，

[1] 参阅 Terry Eagleton, *The Ideology of the Aesthetic*, Ch. 1。

是改造启蒙理性的尝试。如果没有这样一个计划，我们就会
71 发现作为一种统治形式的理性的危险，它无视所有能够使得
自己的臣民（subjects）成为鲜活的、有感情的、有欲望的生
物的东西。

由于理性成为支配的而非胁迫的（席勒伴着耳畔法国大革命恐怖时期的呼啸声写道），它必须审美化，与美和愉悦结合在一处，以便义务和倾向变得一致。支配的权力就是政治与审美的融合。埃德蒙·柏克，其自始至终最突出的主题就是领导权，也提出了大致相同的观点。[1] 公民不可能向他们对其没有感情的道德律或政治律屈膝。就像席勒在其随笔《秀美与尊严》中所表示的，道德的美就是我们以之遵守道德律的那份秀美。[2] 按照弗洛伊德的说法，关键就在于把律令心力内投（introject）从而使之成为自发的倾向。律令必须作用于我们的身体，而不仅仅是我们的心灵。理性必须结合那个被它抑制的感性一起来进行统治，正如一个精明的君主那样去治理，让每一个臣民感觉自己不过在服从自身欲望的绝对命令。理性必须成为开明的专制主义（absolutism），而不是概念的独裁主义（despotism）。美学因此承担着入门指导或调停的角色，将未加工的感性素材予以提炼和拆解以便最终由理性完成征服。否则，作为在欲望中沉沦的生物，我们可能将道德

[1] 参阅 Terry Eagleton, *Heathcliff and the Great Hunger* (London, 1995), Ch. 2。

[2] Friedrich Schiller, *Collected Works*, vol.4, p.200.

律的命令体验为使人不快的武断以及专制主义，因此也就无法遵守它们。处在自然状态中的感性与民众，有着最多的共同之处。席勒称之为“粗鲁的、无视法纪的天性，被松动的公民秩序释放出的力量，以无法控制的愤怒急于追求其动物性满足”[1]。这个类比与柏拉图同样古老。乌合之众（*canaille*） 72
只会在理性提出那些本来已促使其向善的本能时才会听命于理性。席勒的观点，可以说，在这方面是天主教而非新教的，相信它作用于那些尚未完全被堕落所侵蚀的男男女女的救赎能力，这也是神性和审美的魅力能够找寻到的立足之处。

席勒的伟大文本因此是一个政治寓言。它对理性和感性之间关系的反映从未脱离过统治阶级与平民之间关系的视域。确实，席勒自己论证了这个观点，在一边是理性与自然的关系，另一边是国家与社会的关系之间构划了二者的同源性。正如理性必须与人类本性的质地相结合，那么绝对需求凝聚力的政权，也必须要尊重它的物料（普通民众）的“主体的与具体的特征”，要在无损他们的多样性的前提下将他们凝聚成一个整体。审美，如我们已见的，就为这种开明专制主义编码。然而艺术作品本身更类似于共和政体（a republic）。确实，将理想的共和政体看作是放大版本的艺术作品是可能的。

---

[1] Friedrich Schiller, *On the Aesthetic Education of Man* (Oxford, 1967), p. 25. 关于席勒美学值得参考的研究，可见 Georg Lukács, *Goethe and His Age* (London, 1968), Chs 6–7; S.S. Kerry, *Schiller's Writings on Aesthetics* (Manchester, 1961); 以及 Margaret C. Ives, *The Analogue of Harmony* (Louvain, 1970)。

审美的人工制品服从于一个普遍规则，但是这个规则允许自己的每个组成部分自我决定。确实，它的普遍规则正是它的形形色色的自决部分之间的相互关系。“诗，”弗里德里希·施莱格尔写道，“就是共和政体的语言：这个语言就是它自己的法律和目的，在其中所有的部分都是自由的公民并且拥有选举的权利。”[1]

正如预料，理性和自然之间的关系存在着性别划分。二者可能被诱骗至婚姻关系之中，但是这并不能消除它们的不平等性。如果理性必须像潜伏在感性存在内部的秘密特工，
73 这是因为存在既是它的敌人也是它的伙伴。这里是理性和道德律想要激发公民的美德就必须安适之处，但同时也是这些崇高的抽象概念永远无法彻底安适的领域。这是因为它们真正的归宿在永恒。席勒在其随笔《我们与物质可耻的亲密关系》中一度坦白地这么说。[2] 将物质与自然看作女性化的并不需要什么特别的想象力飞跃，正如席勒的文章展示了一个理想化的女性形象，以优美来抗衡作为肉欲的女性形象。理性，无需多言，是男性化的。然而它生活在与它堕落的性伴侣的亲密关系之中，正如埃德蒙·柏克谈论崇高和美丽的著名随笔所写，严肃的男性法律必须变成异装癖，用女性的外衣将自己打扮起来，如果它试图缓和自身的严肃以便赢得我们的感

---

[1] Friedrich Schlegel, *'Lucinda' and the Fragments* (Minneapolis, 1971), p.150.

[2] Schiller, *On the Aesthetic Education of Man*, p. 219.

情并且诱骗我们的赞同。然而我们不应该忽略透过那轻薄的礼服显现出来的阳具丑陋的凸起。考虑到我们是感性的生物，美或许是必要的，但它绝不会被允许完全遮蔽掉权威那崇高的恐怖。崇高的“强硬”，柏克评论道，仍然是必要的。

在另一篇随笔中，席勒对比了他所谓的“身体”或者话语的风格维度与它的概念性内容。在前者，想象力获得了一定的许可。并告诫说修辞性能指将会颠覆概念性能指。这一举动将为女性赋予过高的地位，女性专注于“物质”和语言的表面修辞而不是它所传递的真理。男人和女人像能指和所指那样和谐地结合在一起，但是女人仍然不能知晓她的符号学位置，这一点与索绪尔式的能指理所当然地处于劣势并不相同。[1]

我们已经看到了审美——或者还有人将其称作文化—— 74
为我们提供了理想的政治共和形式。“品位自身为社会带来和谐，”席勒写道，“因为它在个体之中培养和谐……只有美学形式的沟通才能凝聚社会，因为它联系着对所有人都共通之物。”[2] 由于品位的共同体从康德的视角来看包含了自由、自主、平等、普遍、无私、同情以及不受约束的舆论，那么在对所有边缘性活动的审美评判中都能找到一种社会联合的典

[1] 参阅 Schiller, ‘On the Necessary Limitations in the Use of Beauty as Form’，见 *Collected Work* (New York, n.d.), vol. 4, pp. 234–5。

[2] Schiller, *On the Aesthetic Education of Man*, p. 215.

范，它反抗无政府、特权、独裁、自利和精英主义。在一个既不习惯自由也不习惯平等的社会秩序中，美学构建了一块自由和平等的个体的飞地（enclave），一个微型的公共领域。它是居于顽固的现实的中心的，被遮蔽的乌托邦。这个幻象有多荒唐就有多鲁莽。如果我们将自己的政治团结依赖于像审美判断一样率性而虚弱的能力之上，我们的处境的确是可悲的。

即便如此，审美在这里扮演一个完整的替代性政治的角色。或者将其称作非政治化的政治更为恰当，就其起源于席勒及其同行那里的文化批评的血统来说。文化或者审美现在成为了政治的替代物，正如它成为神学的替代物一样。这自然是审美理论在因庸俗而声名狼藉的文化思想中扮演了关键角色的原因之一。在一个更关注艺术品贸易而非欣赏它们的时代，美学在一个又一个重要的欧洲哲学家那里作为至关重要的主题突然出现。如果它呈现出了这种中心性，也只是因为它在自私的市民社会和蓬勃发展的政治共和之间代表了缺
75 失的调和。正是它将欲望引导向无私。至于艺术作品本身，它完全提供了一个适合这样的政治的主体的新模板。就像理想的公民，自主、独立、自决，只服从它为自己规定的法律。

席勒试图通过文化来迂回地处理政治。在他看来，文化是政治的母体，正如安东尼奥·葛兰西有时被误读为他认

为工人阶级在夺取政治权力前要先积累文化资本。[1] 如果革命被击退，文化或者审美就必须被召唤出来以教诲和启蒙民众。将会出现的是一个渐进的精神重塑而不是突然的政治决裂。艺术替代了暴动。教育是社会不满的解决途径。然而如果真是如此，也只会因为文化已经被界定为反革命（counter-revolutionary）术语。它确实是温和（moderation）与多面性的同义词。当然，不是所有诉诸文化的都属这一类，正如并非所有诉诸理性的都要求冷静。对法国大革命来说，合理意味着堆起街垒而不是拆掉它们。

然而，这里就出现了先有鸡还是先有蛋的问题。席勒或许将文化视作开明政治的前提条件，但是康德坚持文化本身依赖于政治自由。它只有在共和政体之中才能真正地繁荣。早期的诺瓦利斯赞同这个观点。此外，从文化向政治的过渡并不简单，由于前者总是被认为与后者存在冲突。对席勒来说，文化是一个充满了所有能想到的可能性的领域。它蕴含着丰富的人类力量，所有这些力量都期待着它们和谐
的表达；因此它不愿限定在一个确定的目标上，就像它不喜 76
欢宗派观点一样。文化以确定性的缺乏为特征，或者有人倾向于这样讲，以某种不受限制的确定性为特征。它是绝对自由（absolute freedom）的幻象，是所有确定（因此也是有

[1] 对此的反驳，参阅 Perry Anderson, 'The Antinomies of Antonio Gramsci', *New Left Review* no. 100 (1976.11–1977.1)。

限）之物的涅槃般的悬置。如全能的神本身，它既是一切（everything）又是空无（nothing），是所有个体（particulars）的超越，所有可能性的基础。正如尼古拉斯·哈尔米对浪漫主义象征的评价，“它被认为是有意义的又不会被削减为任何个别的意义。”[1]

更平实些讲，一个有文化的人（the man of culture）能够承担任何他所选择之物，给任何具体的任务带来无限可能。即便专注于一个特定的事情，他也总是默默地表现出他可以很容易地做一些不同的事情，并且娴熟地完成每一步。作为一种普遍的活化能力，文化或者说审美似乎是任何确切活动的对立面，看上去难以为其配备一个政治功能。它没有偏重某一行动模式而忽略其他模式的那种内在倾向，因为任何偏爱都会损害它的无私。“因为它并没有特别呵护某项人类能力而排斥其余的，”席勒写道，“它无差别地爱着它们每一个以及它们全部；由于它是它们全部的可能性的基础，它也不会特别偏爱它们中的某一个。”[2] 就像上帝爱着我们一样，文化也爱着我们全部的官能。它仁慈地看着全部创造物（Creation），令人歆羡地超脱于不公的偏见。文化，至少在席勒的术语意义上，是否使得我们对种族屠杀和利他主义的偏向一致，或
77 许是要质疑的。然而，关键在于这个古怪现象那自相矛盾的

[1] Nicholas Halmi, *The Genealogy of the Romantic Symbol*, (Oxford, 2007), p.2.

[2] Ibid., p.151.

性质，就像那个孕育了整个宇宙的虚无。不论及全部就不能谈及具体，文化为达到无限地雄辩甘冒哑口无言的危险。它是以整体性的名义对所有具体承诺的否定——这个整体性由于它仅仅是否定性时刻的总体而完全无效。我们需要它以便能够表现得富有创造力，然而某种意义上任何特定活动都代表着对它的疏离。作为人类力量的无限性，它似乎一旦被认识就会被摧毁。于是，这就是另一个没法被它所创造的存在表现出其可能性的原因。文化是上帝的一个世俗称谓。

若要证明社会救赎性，文化必须避免进入具体行动。然而它怎么才能在不违背自身广阔精神的前提下成为一种政治力量呢？无私能够在向那不可避免地偏袒与不公的行动的沉降中生存下来吗？如果想要被作为典范保存下来，文化必须隔绝于现实存在的侵扰。只有这样它才能保持其力量的完整。然而正是这种对现实的距离毁损了那些力量。某种程度上说，审美是没有社会作用的，正如平庸的批评者们主张的那样。只有在席勒的眼中这件事才是荣耀而非恶名。“美，”他坚称，“不产生任何特别的结果，不论对知性还是对意志而言。它无法达成特定的目标，不论是智力的还是道德的；它不揭示个别的真理，也不能帮助我们完成个体义务，简单讲，它就像不适于为品格提供坚实的基础一样不适于启蒙理智。”[1]然而正是这个崇高的无能必须赶来援助一个分裂的、祛魅的世界。自

[1] Schiller, *On the Aesthetic Education of Man*, p. 147.

78 利变得那么顽固以至于只有这个完全公正的能力才能够与之对抗。而这也是最后一件可使其回归现实之物。

完成这个不可能完成之事的方法正是要在审美的自主性中探寻，它对规划和实际措施的蔑视，关于男男女女都可以自主的未来的预示——事实上，或许变得像现在的艺术作品那样被认为是自由地自我决定的。艺术已至之处，人类亦将到达。借助于政治改革，我们最终也能够以自身为目标而蓬勃发展，而不是为了任何确定的目标。审美的理性是反工具论的，将自我从交换价值和实用功能的范围内拉回来。审美的反实用性质因此成为它自身的政见，正如雪莱、马克思、莫里斯、王尔德的著述所论证。当代艺术的无意义，它的社会功能障碍的状态，能够以一个机智的反讽质变为乌托邦的符号。确实，弗里德里希·施莱格尔坚称艺术的嬉戏正是模仿了这个世界无意义的游戏，也因此在其自主之中具有指涉性。

在席勒有关审美的论述之中给人留下最深刻印象的可能还不是它的乌托邦倾向，而是对当下的雄辩抨击。“在最为精致的社会生活最核心之处，”席勒哀叹，“利己主义已经建立了它的制度。”[1]其结果就是局部冲突、社会分裂、机器的胜利、极有害的劳动分工以及对人类能力的扼杀。社会事实上正是文化的废墟——是那个总体性权力的废墟，单纯为自我愉悦而运转，它代为承担了对工业资本主义当下的不足之处

[1] Ibid., p.27.

的审判。正是席勒著作的这些内容作为丰富的遗产传递到了马克思那里，而马克思对资本主义的批判从某种程度上来说 79
依然是审美的。政治上，文化的理念同时面临着两条道路。如果它来自于那个新兴的中产阶级秩序，它同时还代表了对其中某些最为令人厌恶特征的透彻的批评。具备理智的成熟力量而坚定地自我实现的人类主体，是一个理想化的普通中产阶级形象。它同时也是对这个中产阶级形象的致命控诉。

一个全面的成熟力量听上去似乎是个足够高贵的目标。然而像大多数极富教化意味的典范一样，它自有可憎的结果。到了于斯曼和沃尔特·佩特的时代，将其从一个面向所有经验的杂乱无章的开放性中区分出来变得困难。古希腊的很容易就会变为邪恶的。如果艺术必须接纳乱伦和恋尸癖，审美也就和道德产生了冲突。真相是丑陋的，并不美丽。如果艺术家要救赎整个现实，不论是作为自然主义小说家还是魔鬼般的后波德莱尔式诗人，他都必须经受叶芝所谓阴沟的洗礼，拒绝正统的道德区分以便在想象上变得与人类存在的黏液和废弃物一致。只有如此他才能将排泄物聚合为永恒。这是美学版本的受难与重生，赋予诗人以某种圣洁的光环。然而在既被祝福又被诅咒的传统意义上来说他也是神圣的。通过想象性移情来生存就会丧失自我；失去自我的存在就是一种虚无；虚无则令人不安地接近于邪恶。

到了席勒、谢林及其同行者的时代，那个能从日常虔诚和实践中感受到上帝存在的社会秩序日渐衰微；但是这并不

意味着他在日常生活中的无所不在变得不再让人向往。就这
80 个目标而言，理性神学显然不能担此重任。相反，神话、艺术和文化（其中最博大的就是文化）力图成为宗教的替代形式。通过这些方式超验的真理能够被转化为可流通的日常经验。事实证实，这还不是文化和宗教最为相似之处。更相似的应该是虽然文化帮助统治力量获得合法化地位，它同时还提供了对抗它们的资源。就这样，它多多少少承继了宗教信仰在政治上的矛盾心理。众所周知马克思将宗教视作人民的精神鸦片，同时还是牧师洒向资产阶级腐败良心的圣水。而不那么广为人知的则是他还将之视作这个失去了心脏的世界的心脏。顺便一提，对浪漫主义的概括还有更糟糕的方式。

* * *

“我们必须成为人，”塞缪尔·泰勒·柯勒律治写道，“为了成为公民”[1]。这是个席勒式的主张。为了成为有效的政治组织，国家必须先成为一个文化组织，为自己那些粗俗但可被教化的成员培养公民习惯。对费希特而言也是如此，他主张由国家组织的教育体系能够让个体从市民社会的原始欲望转变为文化领域的甜美和光明。在他看来，自由主义的国家为

[1] Samuel Taylor Coleridge, *On the Constitution of Church and State* (Princeton, NJ, 1976), p. 43.

自由创造外部的、物质的条件，同时文化上的国家则构建精神上的和内在的自由。[1] 毫无疑问大众将会成为文化的信徒，因为在费希特看来文化首先是大众独特的生活方式而不是那些彬彬有礼的少数派的价值观。[2]

其后的柯勒律治对文化国家也持相似的观点。知识阶层， 81
或者文化代表的网状结构，像满布全国的分散的众多世俗牧师一样，将会促进民众道德上和物质上的福利。文化将会以教会为自己的模板。在传播文明和法律的使命中，知识分子阶层，作为国家教会的博学阶层，将会引进“冷静、勤勉、顺从的习惯给下层社会”，在农村培育“健康的，手上长茧但是又精神崇高并且热心肠的佃农……他们脑中住着议会之子因而时刻准备着响应国家的第一声号召”[3]。

经过作为英国国教牧师的父亲的基督教信仰的培养，柯勒律治转入到激进的唯物主义圈子（哈特利、普利斯特利、戈德温），继而又被德国唯心主义和形而上学蒙昧主义所吸引，最终在保守上流英国国教主义中寻求到了慰藉。简言之，在将年轻时代的自己投身于各种世俗形式宗教的革命中之后，他绕回到正统的路线上去。这段离题话的要点是什么呢？柯

---

[1] 参阅 Johann Gottlieb Fichte, *Address to the German Nation* (Chicago and London, 1922)。

[2] 参阅 H.C. Engelbrecht, *Johann Gottlieb Fichte* (New York, 1933), p.34。

[3] 引述自 John Colmer, *Coleridge: Critic of Society* (Oxford, 1959), pp. 158 and 148。柯尔默对晚期柯勒律治荒谬的政治观点的总结是一个相当引人注目的净化的版本。

勒律治回归到正统宗教的原因有许多，但是其中特别有一个值得被指出。由于大众的不满在早期工业化的英格兰大面积爆发，诗人自己也急剧地转向政治权利。他认为需要一个更为明晰和教条的宗教信仰，它热衷于政治权威而非康德或者斯宾诺莎的某些观念。曾激励着他的唯心主义最终被证实过于理智化，伪造了一个信仰，这个信仰几乎完全被限定在了知识分子阶层。利物浦勋爵，柯勒律治探讨社会困境的信件的收信者，称其试图“将猜测性的哲学从错误的推理中解救出来，使它符合宗教的利益”（虽然他补充，对柯勒律治信件
82 的收信人来说这并不让人意外，即“至少，我相信这是柯勒律治先生的意思，虽然我不能很好地理解他”）。[1] 宗教懂得如何吸引大众，而德国哲学不懂。

在他的第一部《平信徒布道》（*Lay Sermon*）中，柯勒律治哀叹受过教育的阶层已然放弃了他们作为政治领导者的职责，被启蒙思想的怀疑论、唯物论、不可知论颠覆了。他们几乎不可能通过在热情的、手上起茧的佃农阶层宣扬黑格尔或者谢林的著作来恢复自身那业已失败的领导权。相反，他们必须再次求助于宗教，支持大众自己的信仰的更复杂的版本。这样，社会等级制度能够维持在大众文化的范畴之内。基督教的突出优势就在于存在学术（神学）的版本和普通大

---

[1]　引述自 Colmer, *Coleridge: Critic of Society*, p. 138。关于柯勒律治的神学兴趣的杰出研究见 Paul Hamilton, *Coleridge and German Philosophy* (London, 2007)。

众（礼拜实践）的版本；虽然两者偶有冲突，它们仍然被一起限定在教会组织内部。提出一个通俗版本的黑格尔《精神现象学》或者谢林《先验唯心论体系》则较为困难。

“柯勒律治非常渴望成为一名精准而明智的哲学家和形而上学者，”亨利·克罗斯·罗宾逊如此评价，“同时在宗教上与人们保持一致。”[1]这个评论精巧地对我们正在讨论的两难局面做出了概括。最终，大众信仰和深奥哲学被证明不相容，柯勒律治也转回到他童年的英国国教主义。虽然这个回归的原因有很多，政治动机无疑是个强有力的原因。他在唯心主义者中间的冒险为他的随笔提供了某些至关重要的理念，同时也为他的诗歌提供了丰富的材料。在某种意义上，就信仰问 83
题而言，他还不如留在原地。

对席勒、费希特、柯勒律治来说，国家的职责在于人类的伦理构建。在这项事业中，文化或者教育（*Bildung*）构成了市民社会中的粗野生物和温和的、文明的、讨人喜欢的通情达理的公民之间的调和。在市民社会中，个体生活于长期的相互抗争状态之中；然而国家，相对的，则是一个纷争得到了协调和解的超验领域。文化就是一种伦理教育的形式，其通过释放每个人胸怀中埋藏的集体自我来为我们装扮政治公民身份。这种理想自我在国家的普遍范畴内找到崇高的表现。通过从我们狭隘的自我中恢复共享的人性，文化从感觉中拯

---

[1] 引述自 Halmi, *The Genealogy of the Romantic Symbol*, pp. 125–6。

救了精神，从冲突中拯救出了团结，从暂时性中提取出了稳定。国家和社会中的裂隙——普通中产阶级市民希望自己所是与实际所是之间——因此得以弥补。弗里德里希·施莱格尔相信“提升所有的政治家和经理人成为艺术家”，这是个带有报复性意味的文化国家（culture-state）的版本。[1] 文化和国家，正如大卫·劳埃德和保罗·托马斯指出，“都是应该超越分裂的场所”[2]。两者都将自己呈现为绝对公平的组织，忽略出身、阶级、性别、地位、财产和特权等方面的不公，试图构建公民能够只需依靠共享的人性美德就可以汇聚的根本基础。如果说国家本身多少是对这一集体性的遥远想象，艺术和民族文化则有力地将其带回了生存体验。对其所有的政治幻象而言，这是个慷慨的美景。

84 无私，当然，需要一个稳固的物质基础。夏夫兹伯里，和其他许多公民人文主义者一样，坚信要避免偏见和党派异见就涉及到避免贪婪、欲望、嫉妒、占有欲和受贿的能力，所有这些都可能腐化一个人的政治判断。政治国家需要能够克服区域性利己主义以达到对普遍的善有公平认知的公民，这意味着首先需要那些足够富足从而不会将个人私利置于公

---

[1] 引述自 Philippe Lacoue-Labarthe and Jean-Luc Nancy, *The Literary Absolute* (New York, 1988), p. 68。

[2] David Lloyd and Paul Thomas, *Culture and the State* (New York and London, 1998), p. 65. 这个可供参考的研究受到某种盎格鲁中心主义的影响。费希特仅仅被提到一次，对赫尔德则只字未提。

共事务之前的人。要得知真相，你必须足够富有。足够讽刺的是，无私建立在财产的基础之上，而这反而是自私的产物。只有通过占有这个世界一定比例的财富，人才能够审慎而明智地与世界保持一定的距离。审美将自己看作远离这个财产的、欲望的和特权的世界，但这正是它成为这一世界产物的几种方式之一。

* * *

唯心主义参与创造了宗教最为成功的当代替代品之一：民族主义。[1] 这个运动由浪漫主义最终实现。也是在民族主义之中文化的概念首次呈现出了自己当前的深度与共鸣，远早于专业人类学的出现或者文化工业的兴起。文化的理念本身还要回溯到启蒙运动，但是民族主义的蓬勃赋予其新的重要性。民族主义，无需赘言，是独立的世俗化运动，并且也应该被如此看待。虽然，它仍旧有许多方面是自宗教思想和感情借鉴而来。对某一类浪漫民族主义来说，国家，就是全能的神本身，是神圣的、自主的、不可分割的、无终无始的、存在 85
的基石、认同的来源、人类团结的准则、被剥夺者的拥护者

[1] 值得注意的是关于民族主义的两部经典英文研究著作—— Ernest Gellner 的 *Nations and Nationalism* (Oxford, 1983) 和 E.J. Hobsbawm 的 *Nations and Nationalism since 1780* (Cambridge, 1990)，两部著作的作者都来自欧洲腹地，关于如此多的民族主义思想的唯心主义和浪漫主义来源几乎什么也没说。

和值得为之牺牲的事业。这是个应该被盛大的祭典所尊崇的典范，它创造了圣徒、殉道者、庄严的族长和图腾英雄的万神殿。民族比任何个人都更为伟大，就像上帝比自己的创造物更为崇高；然而它仍然位于个人认同的核心之处，这点对基督教的神来说也是如此。

到了20世纪中叶，民族主义已经完全如上帝那样无所不在了，从地球的这一端延展到那一端。甚至有可能不仅把它视作宗教的而特别视作罗马天主教的了。“如神圣的宗教一般，”爱尔兰民族主义领袖帕德里克·皮尔斯写道，“民族自由标志着团结、圣洁、宽容和使徒继承（apostolic succession）。”[1] 他没为它那些与众不同的特色再添上一条禁止避孕还真是让人意外。浪漫民族主义——在爱尔兰是皮尔斯、青年爱尔兰人（the Young Irelanders）和凯尔特复兴，对比于托恩、奥康纳尔、帕内尔、拉金和康诺利——也很重视崇拜——虽然崇拜的对象是民族，也因此就某种意义而言也是自己，它易于显露出某种自恋的倾向。

像文化和审美一样，浪漫民族主义也是反政治的政治。它与那个权力和行政的日常世界维持着特定的苛刻距离。难以想象皮尔斯或者西贝柳斯主持环境卫生委员会。如果它将神带到了下界，它同时还将政治提升到了天空之上。“民族国

---

[1] Proinsias Mac Aonghusa and Liam O Reagan (eds), *The Best of Pearse* (Dublin, 1967), p. 4. 这里提到的四个特征历来被认为是专属于罗马天主教会的。

家”（Nation state）指的是一个被灌注了普通民众（民族）精
神智慧的世俗机构（国家）。相反地，随着民族被升华到了国
家，人民的日常文化被赋予了官方地位。就这样，它得到了 86
从前很少享受到的尊严和承认。政治不再是缺乏想象力的追
求，负载了在过去的权力长廊中极少被看到的梦幻般的激情。
理性的和浪漫的被缠绕在一起。法律和政治秩序，以及某些
不朽的道德真理，和大众日常的情感和憎恶联系到了一起。
古代神话和现代进步，大众风俗和军事策略，被捆绑于一处。
因此，事实上，民族主义试图融合为一个有机联合的正是过
去、现在和未来。世俗的、碎片化的现代被神圣的、完整的
民族叙事所驳斥。设想一个更为强有力的文化和政治的结合
并非易事。后现代性的文化政治无法与之相比。某种普遍真
理意义上的理性，最终能够突破将其与大众割裂的界限。尽
管启蒙思想家仍有担忧，他们的观点我们之后将会进行验证，
文化现在能够在不损害自身精神状态的情况下成为政治力量。

民族主义是作为总体性的文化概念的主要来源——作为个人或者族群的完整生活模式。然而同时，它也促进了派系性的文化理念。这是种极为罕见的结合。对席勒而言，如我们所见，文化和派系偏见是世仇。对马修·阿诺德来说亦如是，他的观点在我们之后讨论的话题中会提到。民族主义，相比之下，表明了立场，但是以文化之名。民族生活方式可以构建一个共同体，但它也是残忍异见的起源。名为民族的大众文化投入与殖民力量的抗争。对启蒙思想家来说，文化

关乎和谐；对身份政治（identity politics）来说，它就是斗争。对民族主义来说，两者兼而有之。

87 和一些唯心主义者一样，浪漫主义艺术家也梦想着与大众之间的有机的结合。这一点从华兹华斯与柯勒律治那遭到了雅各宾主义谴责的《抒情歌谣集》中可以明显看出来。[1] 诗人是不被承认的人类立法者，时下这个角色是被银行和跨国公司继承了。W. H. 奥登曾评价其听上去更像是秘密警察。“我们被召唤来教化尘世（earth）”，诺瓦利斯相当谦逊地写道。[2] 借由民族主义，艺术家、学者和知识分子在大众政治运动中被赋予了重要的职责，这个幻想成为了现实。对这一珍贵的时刻来说，知识分子能够以叶芝或者桑格尔的姿态变身为公共活动家，宣扬自己与民族中底层民众的团结一致。费希特在《论学者的使命》中评价，学者是人类的向导。正常情况下不可能作此声明；但是随着民族主义者在政治上加快步伐，迄今无名的档案管理员、考古学家、系谱学家、语言学者和

---

[1] 尽管玛里琳·巴特勒指出《抒情歌谣集》对平淡生活的同情在任何意义上都不是特别浪漫主义。其本质上属于 18 世纪对流行民谣和简单、基本生活的新古典主义狂热。参阅她的 *Romantics, Rebels and Reactionaries* (Oxford, 1981), p. 58。关于新古典主义和浪漫主义在德国的延续性，参阅 Azade Seyhan, ‘What is Romanticism and Where Did It Come From?’，见 Nicholas Saul (ed.), *The Cambridge Companion to German Romanticism* (Cambridge, 2009)。

[2] 引述自 Beiser, *The Early Political Writings of the German Romantics*, p. 15。对诺瓦利斯的创新性研究，关注其符号学理论并且将其看作原型 - 后现代主义者，参阅 W.A. O’Brien, *Novalis: Signs of Revolution* (Durham, NC and London, 1995)。

古文物研究者发现他们自己突然成为了政治焦点。

民族主义是现代政治最具诗意的形式——“文人的发明”，埃里·凯杜里如此评价。[1]它的许多标志性人物更着迷于民族精神而非土地改革。正如1916年一位英国军队的行政长官在他的士兵枪击了皮尔斯和他的同志们时所说，“我们帮了爱尔兰大忙：我们帮他们摆脱了一些二流诗人。”在为共和国而死的人中确实有太多无关紧要的拙劣诗人。像诗人一样，民族主义叛乱者向世界增添了壮丽的自主工艺品。民族，和艺术一样，自我创造，并且民族主义政治特别欢迎创造性想象。它们易于产生一些著名的艺术作品，而新自由主义和社会民 88
主主义无法做到。正因如此民族主义在文化的两种主要含义之间搭建起了桥梁——作为艺术和知识分子作品的文化和作为整体生活方式的文化。前一种意义上的文化看似无法成为人类的救赎，但是将艺术服务于民族就是在这个它似乎缺乏此种功能的时代赋予了它这一功能。民族主义的小成就之一就是为现代机能不良的艺术提供了一个现实的解决方案。作为民族生活方式的文化看上去则更有可能成为救赎者。确实，它已经为现代性提供了最具说服力的政治概念之一。因其所有的具有魔力的变体和浪漫的幻想，民族主义已经证明了是目前为止最为成功的现代时期的革命浪潮。由于其对热情的

---

[1] Elie Kedourie, *Nationalism* (Oxford, 2000), p.65. 凯杜里的批评必须被带入其坚持不懈地与自己研究的政治现象对抗的语境之中。

理想主义（idealism）和日常存在的结合，它确是宗教本身的对手；在这方面唯一的问题就在于它同时是个极为短暂的现象。一旦取得政治独立，民族主义就可以枯萎凋零了。这也是为什么将马克思主义看作宗教的替代物同样涉及范畴错误（category mistake）的原因。基督徒直到临终都还抱有确信，然而政治激进分子却相信他们早在那一时刻到来之前就能够放弃他们的努力。

和他的某些德国同行一样，赫尔德，一位杰出的民族主义理论家，将世界本身看作一件非凡的艺术作品，自我起源并且自我维系，结合着一致性和差异性。差异在于浩如星海的不同民族，它们全部都以自己独特的方式为正在展开的人类力量（赫尔德的人性 *humanität*）的总体性做出着贡献。确实，早期的赫尔德作为一名文化相对主义者非常容易理解，
89 他坚持所有不同的文化相互之间是不能以同一标准衡量的。它们只能由它们自己的内部标准进行评判。他对人类普遍历史的观点是其后的发展。他拒绝一个文明凌驾于另一个文明，也排斥从文明角度界定所谓原始人。他同时还将自己的民族主义和热情的国际主义结合起来，尽管他蔑视启蒙运动对世界主义（cosmopolitanism）的肤浅狂热。在他看来，启蒙运动的欧洲中心主义，以及它单色调的人类历史，必须被大力质疑。哲学的语言学转向，其中赫尔德扮演了决定性角色，与民族主义者对各种语言和文化的敏感性关系密切。（语言，哈

曼坚称，是“理性最初和最终的器官与准则”。）[1] 如果宗教是最高价值，主要也是因为它处于各个民族大众文化的核心地位，所以回归信仰就是回到民众。在这个意义上，赫尔德认识到了启蒙运动的怀疑主义及其精英主义之间的联系。理念或许是知识分子的领域，但是宗教构建了某种情感的民主，一个向所有人开放的天性与情感的宝库。他还坚称如果民众要得到自己应得之物，国家就必须以马克思主义的模式消亡。

被斥为雅各宾派的费希特，在自己的《对德意志民族的演讲》中鼓吹过有几分阴险的为了民族利益而自我牺牲的信念。只有通过这种对集体存在的沉浸，个体才能兴旺。极为兴旺的民族是上帝的作品。是文化，而非政治赋予其独一无二的身份。然而他同时还宣扬某种国际主义视野，声称每个民族必须找到自己通向自主的独特道路。事实上，鲜有政治浪潮比民族主义更为国际化了。请那些将他看作一位法西斯主义先驱的人原谅。费希特同时还坚称民族联合应该通过平 90
等和个人权利来实现。

另一个受唯心主义思想影响而改变了世界的思潮是马克思主义。就在此处，令人惊讶地，哲学家们深奥的哲思披上了一层外衣，改变了难以计数的男男女女的生活。马克思主义，会像浪漫民族主义那样，是宗教的替代形式吗？马克思思想的核心——历史唯物主义理论，以及阶级斗争学说、经

[1] 引述自 Bowie, *An Introduction to German Philosophy*, p. 48。

济决定论、生产方式的发展、生产力和生产关系的矛盾等等——和宗教概念全无关系。三位一体（Holy Trinity）和劳动价值论之间，或者童贞女生子（Virgin Birth）与固定及可变资本比例之间都没什么明显的继承关系。至少在此意义上，马克思主义是完全的世俗化政治形式。

然而从更宽泛的意义上讲，宗教思想和马克思的历史观之间存在非常明显的亲密关系。正义、解放、审判日、反抗压迫的斗争、无产者掌权、和平和富足的未来：马克思与犹太－基督传统共享着这样那样的主题，只是他的某些追随者羞于承认这个事实。马克思的崇拜者们乐于承认他对最为晦涩的黑格尔思想的继承，然而不愿承认他或许同时还继承了宗教思想。马克思主义应该感觉被这种遗产所充实而不是为其尴尬。他本人就是《旧约·先知书》的热情读者。

马克思还继承了犹太－基督传统对拜物教和偶像崇拜的
91 排斥，以及毁灭是新生活的前奏这个悲剧性的主张。但也不必以哲学家约翰·格雷粗暴还原的方式据此推断，称现代革命不过是宗教另辟蹊径的继续。[1] 弗雷德里克·杰姆逊在他的《马克思主义与形式》中正确地观察到那种声称马克思主义有宗教来源的言论已经成为“反共力量最为重要的论据之一”[2]；但是他在其他著作中采取了一种更为积极的态度，在

[1] 参阅 John Gray, *Black Mass* (London and New York, 2007)。

[2] Fredric Jameson, *Marxism and Form* (Princeton, NJ, 1971), p.117.

《政治无意识》中评述马克思的学说并不会因为这种继承而必然地丧失可信度。[1]“我的确希望马克思主义规划一个救赎的历史”，他在《辩证法的勇气》中说道。然而，在假定基督教的救赎是纯粹个人化的这一点上，他犯了小小的错误。[2]相反，犹太和基督传统中的圣经都构思着全人类的救赎，但是马克思，虽然经常被嘲笑只从集体立场考虑，却非常注重个人权力的解放。

* * *

唯心主义未能成功以一个世俗化的宗教来替代正统的基
督教。仅仅因为，对这个目标而言它太过晦涩，尽管它远不
止少量的博学的著作。卡尔·柯尔施在《马克思主义与哲学》
中谈到“即使在理论层面上，德国唯心主义也倾向于不仅仅
是一种理论或哲学”[3]。然而其大部分思想距离普通民众就像莱
布尼茨的单子论或者牛顿物理学那样遥不可及。当然，哲学
没有理由将自身目标定位在启蒙大众；但是我们已经在某些唯 92
心主义者的核心思想中发现了这个目的。在这方面，他们的
成绩将会被他们自身的抱负所测度。

[1] Fredric Jameson, *The Political Unconscious* (London, 1981), p. 285.

[2] Fredric Jameson, *Valences of the Dialectic* (London, 2009), p. 286.

[3] Karl Korsch, *Marxism and Philosophy* (London, 2012), p. 75.

此外，唯心主义思想的人性观太过天真，它以年轻热情的社会运动试图与基督教冷峻的道德现实主义展开角逐。不承认人性之中有多少东西需要被修复这一举动太过不谙世事。某些浪漫主义流派也有这种幻觉。从神学角度讲，大部分唯心主义思想家都是伯拉纠主义者（Pelagians）。邪恶的确存在，但是它很大程度上是由那些被压抑、割裂、失和的曾经良性的力量而来。这些力量或许天生就有缺陷，即便病理角度如此，也并不是典型的唯心主义原则，虽然它在浪漫主义者中被发现。这两种人性观之间的区别其实就是马克思和弗洛伊德的区别。后者是原罪的虔诚信徒，而前者不是。

处于优势的力量比那些已经错过鼎盛时期的力量更能将人类能力理想化，就像雪莱和哈代之间的差距所显示的那样。他们或许将原罪学说视作有辱人格的冒犯。然而那些教条，至少在其主流意识中，没有将男男女女视作完全堕落的。相反，它坚持他们拥有永远不会被抑制的救赎能力，只要他们忏悔——也就是说，只需他们对人类固执的利己主义、持续的暴力和自我欺骗、权力的傲慢、不由自主的冲突循环、德行的脆弱和欲望的永不满足有一个冷静而现实的认知。否则，就是以廉价换取快乐。大体上，唯心主义者也没比那些认为
93 激进的自我放逐是人类兴旺的必要条件的启蒙思想家多设想出什么来。这是他们鲜被记录的盲点之一。

就其对悲剧理念的所有建设性反思而言，唯心主义思想本质上是反悲剧的。在更具资质的浪漫主义意义上同样如此。

毫无意外，英国浪漫派只创作了极少数值得读的悲剧，更别提值得演出的了。两种思潮都提出了神义论或者对邪恶的辩护，这当然是道德经验缺乏的表现。总体来说，当下的不和与苦难最终将显示出在人类的兴旺中承担了它们的作用。苦难将以叙事的形式被证实其正当性。从社会达尔文主义的民族主义变体来看，费希特认为民族国家之间的冲突对种族整体是有利的，随着强大的力量对弱小的力量的征服也传播了文明的福音。过去自乐园的堕落，现今分裂与不满的状况，未来和平与统一的王国，这些寓言犹如一个连贯的线索在唯心主义和浪漫主义思想的构造中交织。

唯心主义思想是以将世界看作与自身一样精神化和体系化来对抗正统宗教的最后的伟大尝试之一。它对基础和绝对理由的考量，它为团结和总体性作出的努力，在某些方面回顾了启蒙主义伟大的理性主义传统。确实，两种思想的界限常常是不清晰的：如何分类，比如，赫尔德是否被割裂了？启蒙运动的先验真理和唯心主义的绝对精神原则之间的距离并
不遥远。同时，在它对深不可测的主体性深度的反思上，唯 94
心主义则向浪漫主义看齐。再一次，它只能通过最微小的界限被辨识出来。许多时候这种区别都是无力的。谢林是个浪漫主义者，就像雪莱也是个唯心主义者。

如果启蒙运动理性主义将其信仰置于概念和体系之中，许多唯心主义者依然如此，只不过将这种理性的武器构筑在了精神的世界上。然而，像精神这么善变的事物能够与像概

念体系这种僵化的事物相安无事几乎从无可能。对黑格尔来说，需要一个新型的思想，辩证的那种，来应对世界，其真相即是其永恒流变，普通的理性能提供给我们的仅仅是简单而易消散的印象。一般而言，唯心主义的精神仍然被包含在体系之内，虽然能够感觉到它对束缚的抗争。相比之下，某些浪漫主义思想，则突破了那个体系，因此证明了自己卓越的创造性力量，但是也失去了以单一思想来把握总体现实的能力。这就是我们现在可以转入的主题。

第三章　浪漫主义者

如果浪漫主义很大程度上是从体系转向精神（Spirit），它看上去则更关乎宗教而非神学，更关乎信仰而非知识。[1] 人类主体不再能够被概念所涵盖，这既是其能量和兴旺的佐证，也表明其正在脱离一切可知基础。为了具备有效性，任何理念体系都必须包含其反题。恰如弗里德里希·施莱格尔挖苦地评论："有一个体系和一个都没有对心灵来说都是致命的。它不得不下定决心将二者相结合。"[2]"所有对单一原则的求索，"诺瓦利斯在与费希特的争辩中断言，"都是试图去达成不可能

[1] 对浪漫主义与宗教的研究，参阅 Daniel White 令人钦佩的详尽研究 *Early Romanticism and Religious Dissent* (Cambridge, 2006), 和 Gavin Hopps and Jane Stabler (eds), *Romanticism and Religion from William Cowper to Wallace Stevens* (Aldershot, 2006), 后者是太过以拜伦为中心的可供参考的论文集。

[2] Friedrich Schlegel, *'Lucinda' and the Fragments* (Minneapolis, 1971), p.167.

做到的事情。”[1] 费希特在有无限抱负的自我中察觉到了某种绝对，诺瓦利斯的探查则刚好相反。摒弃绝对在他看来是斗争的先决条件。他写道，“我们之中无法停止的自由行动通过对绝对的自由抛弃而产生——这是唯一可能被给予我们的绝对并且只能通过我们自身的无力获取和知悉才能发现这个绝对。”爱智的动力因此也是一个没有尽头的运动，“没有尽头
96 是由于对只能被相对满足的绝对理由有着无尽的渴求，正因如此永远不会终止。”[2] “我们到处在寻求绝对，”诺瓦利斯写道，“却永远只能找到有限之物。”[3] 荷尔德林也同样否定绝对基础。对唯心主义者们来说，绝对就是担任了世俗化的神。现在，即便是它也被证明是难以捉摸的。一个本质上的宗教性的对无限的追求遗留了下来，但是这个欲望的客体却是费解且模糊的。对一些浪漫主义艺术家来说，上帝所遗留的仅仅是对与上帝合一的渴求。就此而言他们预见了精神分析，一种处理对不可实现之物的类宗教欲望的无神论。

一般而言，浪漫主义较之唯心主义更为阴暗而混乱，尽管在其另一种情绪之中它分享了自己的热忱与轻快。欲望以其极端的无限逃脱了哲学的把控。如果说欲望是无限的，那么它也是永不会被满足的，为了追寻永远失落的乐园而从

---

[1] Novalis, *Fichte Studies* (Cambridge, 2003), p.168.

[2] Ibid., p.167.

[3] Margaret Mahoney Stoljar (ed.), *Novalis's Philosophical Writings* (Albany, NY, 1997), p. 23.

一个枯燥无味的对象跳转到另一个，到最后只能休憩于自身。就像歌德笔下的浮士德，它必须用这个无尽的生成过程来满足自身，而非依靠任何有把握的最终产品。“荷尔德林的诗学，”大卫·康斯坦丁写道，“是关于不断前进的运动的理论。”[1]奋斗、漫游和无根性（uprootedness）是其诗歌的关键主题。如果启蒙理性意味着某种完善，一个按斯威夫特的话来讲总是真实和公正的能力，浪漫主义者的艺术则追求其永远无法达成的完满，它达成之时便不复存在。就此而言，它是产生它的人性的典范，其本质正是去拥有历史。人类主体现在只能通过其缺席来显现自身，通过其永远的匮乏而成为可知的。“我们到处去寻求无条件的（unconditional），”诺瓦利斯评论，“却只发现了有条件的（conditional）。”[2]

因此最真实地反映了人类境况的不是哲学的终结，而是 97
诗歌的冒险。“唯心主义借用概念将主体的实现具象化了，”菲利普·巴纳德和谢里尔·莱塞写道，“而耶拿浪漫主义者（the Jena romantics）……在艺术作品中想象主体的生产（主体的自动生产）……可以说面对着像极地冰川中的弗兰肯斯

[1] David Constantine, *Hölderlin* (Oxford, 1988), p. 315. Ronald Peacock的简短研究 *Hölderlin* (London, 1938) 推测荷尔德林所渴望的团结的民众或许最终已经成为现实。这本书出版的日期在这方面具有重要意义。

[2] 引述自 Frederick C. Beiser (ed.), *The Early Political Writings of the German Romantics* (Cambridge, 1966), p. 11。这一观点和所谓浪漫主义讽刺有关。这一主题的探讨见 Azada Seyhan, *Representation and its Discontents* (Berkeley and Los Angeles, 1992), Ch. 3。

坦那样在康德式的二律背反中被冻结的主体，唯心主义发明了思索性的辩证法而浪漫主义则发明了文学。”[1]一旦思想被只能存在地认识的渴望拉近，概念性话语就不可避免地要为文学的诞生而让路，菲利普·拉库－拉巴尔特和让－吕克·南希的《文学的绝对》中将这一事件视为耶拿浪漫主义者著作对世界的首次突破。

黑格尔对欲望的解决方式是爱。不是在一个客体中寻求满足，主体必须承认它只能通过另一个同类物才能兴旺。当两个自由、平等的个体相互认出之际，欲望能够超越自身从而更富教化意义。叔本华对人类欲望的回应就是将其消灭，一种被审美所完美例证的涅槃式的（nirvana-like）中立之情况。艺术是欲望的终结。[2]对弗里德里希·施莱格尔而言，欲望最终栖息于美，继而在艺术作品中发现了自己的缩影。艺术是欲望的提炼和升华，将其提升到普遍性地位同时去除了它的破坏性。它的作用就是将激情转为平和。那么可能存在一个节点，在这个节点之上我们对欲望的固执意味着危害我们作为一个整体的冲动的和谐，一个由美来表示的和谐。最
98 大程度的自我表达和审美均衡性的要求之间的平衡因此必须被打破。必须以与某一特定的全面性相匹配的方式认识到一

[1]　Philip Barnard and Cheryl Leser (eds), Philippe Lacoue-Labarthe，Jean-Luc Nancy，*The Literary Absolute* (New York, 1988), p. xv.

[2]　参阅 Terry Eagleton, *The Ideology of the Aesthetic* (Oxford, 1990), Ch.6。

个人的力量。这种道德平衡的最佳例证就是艺术，并且施莱格尔认为其在古希腊的文化中取得了最高成就。

与康德或者黑格尔不同，谢林与费希特在某种程度上和所有浪漫主义艺术家一样对概念的冰冷触感保持谨慎。绝对（Absolute）并非通过推论而是通过直觉、审美或者正是为自我反思的行为所把握。不过两位思想家都非常有信心它能够被确切把握，然而像诺瓦利斯这样一位浪漫主义者在他的《费希特研究》中坚称绝对，和自我一样，只能被消极地理解，以一种持续不断的乡愁或怀旧情绪。[1] 我们恰恰在试图把握它的努力失败之际才感受到了它的存在，正如对康德而言，无限只能在有限边界的临界点，即崇高之中，才得以在瞬息间被瞥见。绝对可以被展现但不能被言说。或许它仅仅是一个调节的理念或者实用的虚构，必要但无法触及。就此而言，浪漫主义是一类消极的神学，滞留于这样的两极之间的某处：一极是确定的信仰而另一极是上帝之死。

“我们的首要任务，”费希特在《全部知识学的基础》中宣称，“是发现那个本初的、绝对的自我。”[2] 诺瓦利斯，与之相反，坚称这种对绝对的直接探求是危险的幻想，是致人疯狂的精神性醉酒。它就像是对着太阳直视。弗里德里希·施莱

---

[1] 对这个重要文本的有价值的研究，参阅G. Molnar, *Novalis's 'Fichte-Studies': The Foundations of his Aesthetic* (The Hague, 1970)。

[2] J.G. Fichte, *Science of Knowledge* (Cambridge, 1982), p.93.

格尔也是位坚定的反基础主义者（anti-foundationalist），坚称任何试图界定首要准则的尝试都必然导致一种无限回溯。[1] 艺术只能寓言式地谈论上帝。我们关于绝对的不够完备的知识
99 包含着一种反讽的意味，恰如任何明确的观点被无限他者的可能性所遮蔽。反讽对浪漫主义而言就和欲望一样深不可测。雅可比同样排斥所有将人类归因于自身而非其创造者的努力。知识的可能性的条件，他与康德持相反意见，其自身无法成为知识的对象。如果那超越的（transcendent）被禁止了，那么超验的（transcendental）也应如此。

施莱尔马赫对坚实基础（solid grounds）也持怀疑态度。对其而言同样也不可能存在什么无懈可击的基础。知识总是不完善的，契约仅仅是临时性的，完备的哲学体系也是不可能的。如果我们需要一个关于我们的存在是如何抵抗被总体化的图像，就不得不完全求助于语言的话语性质。语言是我们人类最主要的媒介，永远不会被终结。对现代诠释学的开创者来说，意义总是不稳定的。对施莱尔马赫以及克尔凯郭尔来说，个体不能简化为任何形式的系统。在一般和个别之间也不存在什么最终的和解。存在先于映像，并且显示出不受概念把控的密度（density）。存在不可简化为思想。哲学必

[1] 对此的杰出总结详见 Andrew Bowie, *Aesthetics to Subjectivity: From Kant to Nietzsche* (Manchester and New York, 1990), Ch. 3。关于施莱格尔的部分，参阅 Leon Chai, *Romantic Theory* (Baltimore, 2006), Ch. 2。

须警惕自己对于物质世界的嵌入，而不是（像唯心主义那样）将世界囊括进自己的内部。无论如何，是感觉而不是思想构建了我们与现实之间最主要的关联。对某些启蒙思想家来说，为我们关于事物的认识设置了障碍的情感，对于某些浪漫主义者来说则是获取知识至关重要的途径。“感觉就是一种知识”，恰如乔治·艾略特笔下的亚当·比德所说。[1]

对施莱尔马赫及哈曼来说，一个关于客体的抽象观点依靠于对他们的现实的基本确信，而确信自身是无法被理论化的。[2] 信仰因此是知识的基础。认知行为预设了一个背景，即 100
信仰不能被简化为理性。这样的信念因此能够为理性的基础服务，因为仅有理性参与其中的基础看上去是自我毁灭的(self-undoing)。用来对这个基础进行描述的语言总是能够被进一步解释，以至于这个基础将不再作为绝对。描述即是替代（displace)。正如维特根斯坦曾评论，很难设想一个你不想探查基础之下究竟为何物的基础，正如很难想象一个你不想回到它之前的本源。然而一个只能被直觉到的基础，或者仅仅作为信仰的基础，将会以某种不透明为代价换取其坚实性。它有多神秘就有多不容置疑。它无法被否定，但是也没法被论证。

---

[1] George Eliot, *Adam Bede* (London, 1963), p. 154.

[2] 施莱尔马赫著作的章节，参阅 Andrew Bowie (ed.), Friedrich Schleiermacher, *Hermeneutics, Criticism and Other Writings* (Cambridge, 1998)。

总之，如我们所见，浪漫主义者沿用了唯心主义者的神义论。人类已经跌入不和与纷争，但这只是未来和谐状态的必要前奏，那个未来的状态将会比那个我们已然失去的最初的团结更为优越。这个跌落是有福的罪过（*felix culpa*）。然而某些浪漫主义思想家却不确信这个天堂能够被重新获得。文明和意识已经将人类与自然割裂，难以想见这些东西能够如何通过顺势疗法的（homeopathic）奇迹治愈它们自己造成的创伤。或许我们必须接受欲望那失落的对象永远无法被恢复——即它的缺席是绝对的，我们对其徒劳的追求至少开启了那个我们称之为“历史”的意识之中的无尽旅途。主体和客体之间产生了裂痕，这个裂痕的名称之一就是欲望。允许我们能够行动与言说，包括允许我们哀悼逝去的客体的，正是它的逝去造成的创伤。否则，我们和它充满喜悦的结合将
101 会使我们无法言语。诗歌起源于我们存在中的一道原始裂缝，它也试图修复这道裂缝，因此既是疾病又是治愈。

浪漫主义想象中也有类似的含混（ambiguity）。在华兹华斯那里，如 M. H. 艾布拉姆斯所说，这种令人敬畏的能力“承担了弥尔顿笔下天意的情节中的救世主一样的角色”[1]。这是一种类似基督的救赎与和解的能力，模拟表演了上帝所拥有的创造性力量。就像领受了圣灵的人那般，艺术家被胸中那神性的能力所驱策，感到有种神圣的责任将其传递给自己的人

[1] M.H. Abrams, *Natural Supernaturalism* (New York, 1971), p.119.

类同胞。借助这个力量我们可以将自身投射到他者情感的内部，所以这个想象与爱有着深切的关联。[1]它是康德哲学中道德与审美之间差异的毁灭，因为有德的行为建立在同类的情感之上，而同类的情感来源于想象性同情。对《为诗辩护》的雪莱而言，想象是一个献祭性的自我放逐的形式，也因此是对占有欲强烈的利己主义的回击。这也是其作为政治力量的意义之一。它具有一种离心的意向，这个意向将我们带出自己愚钝的存在并且使得我们可以重新创造作为他物或他人的经验。如果它位于自我的中心，它同时也是离心的。这种共情（empathetic）能力，而不是某些乏味的奥林匹斯诸神的淡漠（*apatheia*），才是无私真正的含义，这对于诸如威廉·赫兹里特这样的浪漫主义者和戈德史密斯和哈奇森这些 18 世纪的慈善家皆是如此。无私就是将他人的利益置于自己的利益之上。它是利己主义的敌人，而非党派偏见之敌。

正是通过这种想象性的力量，个体变成最有生气的存在；然而这么做也让他们意识到共享了某种更博大的、共同的存
在形式，意识到自我的根基沉入无限。让某物自身独一无二 102
的那种方式是让它参与到某种更为伟大的整体之中，正如对基督教而言通过对上帝神恩的依赖我们才能成为最坦诚的自己。想象就是这种神恩的世俗形式，在自我之外的某个深不

[1] 对浪漫主义想象的总结，参阅 James Engell, *The Creative Imagination: Enlightenment to Romanticism* (Cambridge, Mass. and London, 1981)。

可测之处找寻到自我，但是如此也使得它以自己独特的方式发展壮大。男男女女可以征服地球并且改变他们的状况而无需承担狂妄的罪责，因为那个准许他们如此做的权力来自于他们自身之上的领域。主体从根本上来说并不属于它自身。

对想象的抨击因此似乎成为了某种渎神，尤其是在文学圈子里。对柯勒律治而言，正是它在调和对立并化解矛盾。对费希特来说，它是最先将现实（reality）带入存在（being）的那个无限生成的精神。施莱尔马赫将想象视作人类关键的能力。诺瓦利斯认为我们所有的权力和能力都可以从它推导出来。对威廉·布莱克而言，它是人类存在的唯一真实形式。它是我（I）与非我（Not-I）、主体与客体、精神与物质、时间（time）与永恒、内部与外部、自我和世界之间至关重要的联系。它同时还是个改造性的力量，将现实的材料重塑为人类欲望的半透明的介质。作为一个救赎性的权力，它通过将我们所处的世界去具象化（de-reifying）的方式使亡者重生。自然状态的客体相对而言是不真实的，仅仅是永恒运动的过程之中的电光一闪。是想象复原了它们的完整的光辉，把它们放入语境并且以它们不朽本质的图像再造了它们。如荷尔德林诗歌所示，浪漫主义艺术试图揭露事物之中蕴藏着的神性，为那个业已陈腐变质的世界复魅。

103 极少有对人类官能如此谄媚的断言。然而，这种赋予生命（life-giving）的精神既是被诅咒的也是被祝福的，既是恶魔的也是天使的。它使世界如此恢宏地具有生命力从而见证了它令人敬畏的力量；然而它同时也表明没有它赋予生命的力量，自然状态的事物将会残酷而冥顽不灵。柯勒律治的“自然仅仅存活于我们自身（in ourselves alone doth Nature live）”听起来就既是胜利的呼号又是哀戚的痛哭。就像某些贝克莱主义幻景中的客体在上帝不再关注它们之后就会突然不见一般，一旦创造性的心灵从现实中抽离而使现实陷入惰性又将怎样？

这种能力的确是解决矛盾的关键；但是这也意味着矛盾是在想象中而非实际中解决。此外，如果是想象增强了事物的生命力，它同时也揭示出在自己那辉煌的荣光之下事物是多么地微不足道。在这个不朽的力量对比之下，时间越发显得容易消逝，每一个时刻也更显珍贵，然而它们也就更加为自身终结的那个恼人图景所困扰。现存事物越是显得顽固，它们就越辛酸地提醒着它们潜在的逝去。为了言明那个超越于当下的未被言说的世界，想象同时还使得虚拟语气（subjunctive）似乎生来就优越于陈述语气（indicative）。至此程度，它是对当下之匮乏的含蓄评论。

想象能够成为一个革命性的力量，但是它同时也对那些出了问题的革命提供了某些精神上的安慰。若是它意欲展现自己对现实的改造能力，它就必须与现实保持距离，然而这种距离极容易滑向分离。将我们与世界束缚于一处的力量同样也能使我们与之疏远。歌德将想象视为一种分裂的能力，

104 在作为创造性能量之源泉的同时还是恐惧与狂乱的出处。[1] 它具有某些专横以及无政府的（anarchic）特性。它可能是任性的、自恋的和不守规矩的。作为一位深爱秩序与均衡的古典主义者，他认为这个备受推崇的能力蕴含着某种令人忧心的不确定的力量。他因此感觉到有必要将想象的良性功能和病态功能区别开来，这个区别令人尴尬地易于消解。如果想象既能够导致欺瞒又能够导向救赎，也是因为它本身有犯错的能力。最崇高的能力距离虚无的幻想从不太远。约翰·济慈特别警醒于其陷阱和诱惑。叶芝用“梦”这个词表示错觉，和用它表示诗意的幻象一样频繁。正如某些浪漫主义作家承认的那样，想象永远无法被明确地肯定。我们必须面对这个创造力的源泉在源头就已被污染了这个不安的可能。原罪的学说对于此种思想风格来说绝不陌生。

华兹华斯的诗歌，如杰弗里·哈特曼出色表述的那样，被困于半抑制（half-suppressed）的怀疑之中，即想象远非诗人本人所希望的那样具备治愈性的力量。[2] 正相反，它在某些末日式的时刻表现为致命的破坏性力量，这个卓越而深不可测的力量突然爆发出来遮蔽了感官的世界并且将我们径直投入那个自我的可怕的深渊之中。它蕴含着弗洛伊德的死本能

---

[1] 中世纪末期和现代早期之间也能发现这一区别。参阅 Stuart Clark, *Vanities of the Eye: Vision in Early Modern European Culture* (Oxford, 2007)。

[2] 参阅 Geoffrey Hartman, *Wordsworth's Poetry* (New Haven, 1964), 或许这是迄今为止已出版的对这一主题最为完善的研究。

（Thanatos）的意味，同时还像是拉康式的实在（Real）。[1] 远
非将我们与现实调和，华兹华斯式的想象将我们掷出了自然
的居所并且使我们遍体鳞伤孑然一身。通过在自然的和超然的
之间打开令人不安的缝隙，它将日常世界消解为如此多的虚伪
表演并且提醒我们真正的家园在永恒的国度，而不是任何地上 105
的居所。正是如此，它既是分裂性的能力也是统一性的力量。
它既有神所带来的恐惧也有其施予的仁慈。对华兹华斯而言，
诗歌的部分任务就在于归化并驯养这个狂躁的力量。

在浪漫主义思想家看来，自然并非总是易于亲近的。席勒认为它是破坏性的、非道德的和冷漠的，而费希特厌恶自然必然性的理念。两者都认为这个太过稳固的质料（stuff）是对人类自由的威胁。非我（Not-I）对我（I）而言或许可证实为一种必要的跳板，但是它不得不提醒我们世界上并不只有全能的主体。其他思想家则渴望消解自然和文化之间的对立。自然本身是宏伟的艺术作品，而文化构成了一个有机的整体。像一个业已完工的审美制品一般，自然的世界结合了真、善、美。对斯宾诺莎来说，它是上帝自己的身体。人类和自然领域都遵循着某种伟大的进化律，而我们自身承担风险违背了它。谢林在自然之中发现了原初的创造性力量或者作为创造力的自然（*natura naturans*）在起作用，它具备艺术家那样演化万物、随意赋形的能力。某些浪漫主义艺术家在自然和想

[1] 参阅 Terry Eagleton, *Trouble with Strangers* (Oxford, 2009), pp.208–11。

象之中都发现了某种幸福的暂离历史的休憩。两者都可以作为超验存在的世俗形式。然而作为宁静的、和谐的和普遍共享的，自然世界同时还可以表示一种政治形式。“自然是永恒占有的敌人”，诺瓦利斯写道。[1]

自然表达出了一种普遍的精神，还为其提供了实在的居所和名称。它就像神一样永恒和自我驱动（self-moving），是所有生命的超验的源泉和无尽的恩典之路。它自有一种广博来训诫男女众人并让他们回忆起自身在宇宙中的谦卑地位；然
106 而它同时又是可以沟通的同伴以及情感的重要寄托，激励着它的追随者去爱、去坚贞。它既是亲密的又是匿名的，既是美丽的又是庄严的，既是易变的又是不朽的，兼具父权的威严与母性的柔情。埃德蒙·柏克在其美学著述中称赞这个结合是最为有效的统治形式。在那篇文章使用突降法的片刻，柏克四处找寻集合了这诸种特质的人类例证，并且（在所有事物之中）想到了祖父。

* * *

然而，自然并非有机整体仅有的可得的图像。几乎没有主题比对希腊的尊崇更加坚定地贯穿了现代欧洲文化，自 18 世纪直到维多利亚时代晚期。彼得·盖伊注意到了启蒙运动的

---

[1] 引述自 Beiser, *The Early Political Writings of the German Romantics*, p. 9。

古典根基，启蒙运动将深情的视线投向了古典遗物中的理性人道主义而非距离更近的蛮族。[1] 玛里琳·巴特勒将希腊复古主义称为“国际启蒙运动的通用语”[2]。古罗马当时也同样地流行。夏夫兹伯里十分推崇自己眼中所谓古典世界的德行与自由，将古希腊描述为“唯一优雅的、最为文明的、成熟完善的国家”[3]，而爱德华·吉本赞颂罗马共和国的庄重、朴素、公共精神、人文主义、个人主义以及自由精神。[4] 法国的革命者将这种赞扬加倍。弗兰克·M·特纳说在 18 世纪后期之前都还处在相对边缘地带的对古代遗物的热情在某一时刻突然成为中心了。“对新文化根基以及替代性文化模式的探求，”他 107
写道，“发展超出了欧洲对启蒙运动伊始以及（法国）大革命中那个破坏性的政治、社会和理性经验进行理解和表达的需要。”[5] 这种希腊狂热（Graecomania）至少持续到了海德格尔关于前苏格拉底时代田园牧歌观点出现为止。

向古典世界的转向具有惊人的文化重要性。它呈现了某

---

[1] Peter Gay, *The Enlightenment: An Interpretation* (London, 1966).

[2] Marilyn Butler, *Romantics, Rebels and Reactionaries* (Oxford, 1981), p.36.

[3] 引述自 Lawrence E. Klein, *Shaftesbury and the Culture of Politeness* (Cambridge, 1994), p. 199。

[4] 夏夫兹伯里对古代世界的看法，参阅 ibid., pp.146–9, 200–6。

[5] Frank M. Turner, *The Greek Heritage in Victorian Britain* (New Haven and London, 1981), p. 2. 另请参阅 Harry Levin, *The Broken Column: A Study in Romantic Hellenism* (Cambridge, Mass., 1932)。另请参阅 E.M. Butler, *The Tyranny of Greece over Germany* (Cambridge, 1935)。

支准宗教（quasi-religious）强度的人文主义，这在知识分子圈子里提出了对教会信仰的严峻挑战。对某些柏拉图和埃斯库罗斯的狂热粉丝而言，古希腊神话和基督教学说之间的亲缘关系能够被用来对后者进行隐秘的批判。不那么好辩的作家将古希腊视作“简而言之，宗教是如何与文化相结合”的典范。[1] 歌德认为对古希腊遗物的狂热崇拜，尽管它有不容置疑的缺陷，却比基督教要可取得多了。谢林浮夸地写到“理念领域之内哲学构建的所有可能性都被希腊神话所说尽了”[2]。在他看来，这些神话不仅是所有哲学的基础；它们甚至草拟了随后的科学、艺术和宗教。席勒和施莱格尔将古希腊艺术家当作英雄一样来崇拜。因为他们似乎将理性的美德与感官的愉悦结合了，能够作为伊曼努尔·康德的伦理的生动反例。马修·阿诺德将古希腊描述为“对人类而言几乎与犹太同样重要的国家”[3]。古希腊就是自然化的和审美化的，刨除掉不受欢迎的部分（责任、自我牺牲、永罚、道德律法）的宗教并且转化为适合绅士的。与宗教一样，它也是作为共同生活方式的文化，而不仅是个人的提升或者高尚的典范。

108 于是，浪漫主义者，为了向前发展而回转向那个遗失了

---

[1] Samuel Henry Butcher, *Some Aspects of the Greek Genius* (London, 1891), pp. 45–6.

[2] F.W. Schelling, *The Philosophy of Art* (Minneapolis, 1989), p.41.

[3] ‘Pagan and Mediaeval Religious Sentiment’，见 R.H. Super(ed.), *Matthew Arnold: Lectures and Essays in Criticism* (Ann Arbor, 1962), p. 230。

的乐园，就像他们的某些现代主义继承者也会做的那样。代表了童年阶段的古希腊同时也是成熟的。它难以捉摸的原因就在于，它已然消逝但却依然会降临。荷尔德林，最为狂热的希腊文化研究者之一，讲述说雅典精神必须以日耳曼模式再兴。[1] 难以让这些狂热的信徒承认希腊精神本身与古代遗物所拥有的丰富宝藏相比也不过是另一个神话而已。

“在很大程度上，”特纳辩称，“对古代世界的知识的了解以及对通过古典教育传达的价值观的熟知丰富了欧洲的政治统治阶级的心灵并为他们提供了许多智识上的信心。”[2] 这个强有力的文化源泉在不论何时何地的绅士们那里都扮演着暗语或者奖章的功效。“它们是与我们一样的有文化之人的作品”，奥斯卡·王尔德的古典学（Classics）家庭教师 J. P. 马哈菲带着迷人的自嘲评述古希腊作品。在古代的有机生命形式中，文化的意义之一 —— 一个民族的生活方式——在美学意义上被灌注了文化的至关重要的能量。

所谓的希腊美德——平衡、性的欢愉、整体、对称、宁静、和谐、稳定、自我约束、感官生活、精神的无忧无虑、多面性、对自发本能的信任等等——非常易于与现代资产阶级生活的丑陋、失衡、狂热能量和沉重道德说教形成对比。

---

[1] 关于这一主题具启发性的评论，参阅 Dieter Henrich, *The Course of Remembrance and Other Essays on Hölderlin* (Stanford, 1996)。

[2] Turner, *The Greek Heritage in Victorian Britain*, p. 5.

“古人的诗歌，”弗里德里希·施莱格尔写道，“是欢愉的诗
109 歌，我们的则是欲望的。”[1] 将它们与暴民那无节制的激情对比并非难事。以贵族意识形态的方式而言，古希腊价值观是道德与审美合一的。它们的辩护者试图探寻某个充盈了无尽能量的文化模式，但又将其纳入一个有机模具内。这样一个形式必须散发着和谐与宁静，同时又保持流动、变动和不息的活力。正是如此，它能够为现代那焦灼不安的躁动提供避难所而不致沾染惰性。有限形式得到与无限内容的调和。浪漫主义图像中的内容，以希腊的健康（sanitas）为例，它总是生机勃勃地就要溢出形式限制，但总是被一些内在的沉默所束缚。在这个意义上，浪漫主义的图像既是稳定的又是易变的，既是死亡的又是鲜活的，既是完满的又是开放式的。它将自身禁锢在一个完满的形式之中而无损于自己的活力。动作（motion）被永恒地固定着，像一个喷泉那样永恒回流到自身。[2] 无限（infinity）被转化为永恒（eternity），正如艺术作品那样既不受时间的磨损又保持着流动与鲜活。对沃尔特·佩特来说，它既像宝石般闪耀又是在燃烧自己的生命力，同时既是有机的又是无机的。它仍然是神的另一个微缩模型。然而这个图像既是政治的也是神学的。欲望被容纳而不是被取

---

[1] 引述自 Richard Jenkyns, *The Victorians and Ancient Greece* (Oxford, 1980), p. 43。

[2] 对此最为完整的总结，参阅 Frank Kermode, *The Romantic Image* (London and New York, 1957)。对这一著作的批判性评估，参阅 Terry Eagleton, ‘The Politics of the Image’, *Critical Quarterly* (Spring, 2012)。

消了，以至于它不再呈现为无休无止而又徒劳地渴望“糟糕的”无限。现代的活力也因此能够被调和于传统的秩序。或者，更直白一些讲，中产阶级能够在不威胁到政治稳定的情况下奋勇前行了。

它是自始至终萦绕于浪漫主义的一个理想，从柯勒律治对瀑布的独特观察——它们将不变的形式和不停变化的内容相结合——到叶芝的舞者、喷泉、陀螺和栗树。叶芝在盎格 110
鲁－爱尔兰大房子（the Anglo-Irish Big House）里也发现了这个典范，正如赞美它们的诗歌所说的那样，是热情而不逾矩的，是生机勃勃却又庄重的。这个意象在艾略特的《四个四重奏》中作为变化世界的静止不动的点而再次出现，动作的形式同时也是对动作的放弃，[1] 中国花瓶看上去就在自己的静默中永恒运动着。甚至在济慈的《秋颂》关于“成年的羔羊”的奇怪提法中也可以窥见一斑。或者这是某种矛盾修辞法，因为羊羔就其定义而言就是未成年的。成年的羊羔（Lamb）就叫作羊（Sheep）了。然而羊羔可以作为羊羔而长成。这个短语揭示的是这样一种神秘，即某物可以自我认同却仍然具备成长的能力；是运动着的然而也是独立的。

---

[1]　至于动作也就是放弃动作，艾略特显然想到了乘坐罗素广场地铁站的电梯，这个车站与他在费伯出版社的工作地点距离最近。

* * *

从政治角度讲，古希腊能够在革命时代提供一个关于稳定的图像。然而在很大程度上，这种对古代遗物的理想化总是带着某种共和政体的变形。“（古）希腊，”法国大革命的支持者尼古拉斯·博伊尔评论道，“（对他们而言）是世界上第一个被充分启蒙了的、世界主义的、理性的政权的先驱者。”[1]“希腊精神，”大卫·康斯坦丁写道，“拥有着革命性的潜能：它脱胎自古希腊，尤其是伯里克利的雅典，那个正义社会的典范。”[2]

大体而言，希腊精神这种政治上的模棱两可正属于浪漫主义那些非凡的矛盾。以赛亚·伯林在《浪漫主义的根源》这部文学评论杰作中用了两三页的篇幅概括了它们。浪漫主义既是年轻的又是颓废的，既是异国的又是日常的，既是活泼
111 的又是宁静的，肯定生命也热爱死亡，是个人主义的又是集体主义的，恋慕具体却覆盖着精神性的模糊，是质朴的又是时髦的，简单却又复杂，为过去所鼓舞又充满创意，献身于一致性却也为多样性欢欣，从事以自身为目的同时又是社会

[1] Nicholas Boyle, *Goethe:The Poet and his Age* (Oxford, 2000), vol.2, p.68.

[2] David Constantine, *Early Greek Travellers and the Hellenic Ideal* (Cambridge, 1984). p. 134. Jennifer Wallace 针对这种对希腊的狂热崇拜的敏锐的评论详见其 *Shelley and Greece: Rethinking Romantic Hellenism* (Basingstoke, 1997)。

再生手段的艺术。[1] 以相似的思路，卡尔·施米特评价说存在“一个活力的浪漫主义和一个颓废的浪漫主义，作为生活的直接现实的浪漫主义和作为向过去和传统逃遁的浪漫主义”。如果这个运动包含了某些法国大革命最为热情的拥护者，那么也包含了某些它最激烈的反对者。[2] 在一篇经典文章中，A. O. 拉夫乔伊挖苦地指出浪漫主义被认为既产生了法国大革命又产生了牛津运动。[3] 罕有某个思想潮流如此陶醉于统一，却又表现得如此之少。人们如何理解这种既包括了珀西·比希·雪莱又包括了约瑟夫·德·迈斯特的文化潮流？迈斯特确信非理性的社会组织比理性的更为稳固和持久，坚称批评性的思想应该被专制国家强有力地抑制，并且将科学家、民主人士、无神论者、知识分子和犹太人视作文明的敌人。

同样，没有理由向这种概念的唯名论（nominalism of concept）投降。首先，某些明显的差异能够使用年代学的方式进行解释。从德国在 18 世纪的转向开始，许多先前的激进－共和的早期浪漫主义者（诺瓦利斯、施莱格尔兄弟、荷尔德林、施莱尔马赫）开始采取更为保守的态度。像诺瓦利

---

[1] Carl Schmitt, *Political Romanticism* (Cambridge, Mass. and London, 1986), p. 4.Isaiah Berlin, *The Roots of Romanticism*, (London, 1999) pp. 16–18. 这些特殊的对比并未穷尽伯林本身宽泛的范畴。

[2] 我纯粹出于便利的目的将浪漫主义视作一个运动或潮流。当然，它是一系列复杂的、多样化的艺术和思想趋势。

[3] A.O. Lovejoy, ‘On the Discrimination of Romanticisms’, 见 *Essays in the History of Ideas* (Baltimore, 1948), p. 231。

斯和弗里德里希·施莱格尔这样起初作为反专制主义、性自由
112 和自由主义改革的狂热分子的思想家，最终倒向了君主政体、神秘主义、贵族政治、中世纪精神以及罗马天主教会。此刻是宗教而非艺术能够救赎社会秩序了。被某些纳粹分子所称赞的也正是这一支德国浪漫主义。在英格兰，华兹华斯、柯勒律治以及骚塞的政治变节，或者（如许多浪漫主义者所认为的）在一段令人遗憾的革命迷恋时期之后恢复了理智，已经被描绘得足够清楚。

浪漫主义，其后随着政治时代而改变了。一旦革命性的唯心主义因现实政治而消退了，它就非常容易转入某种更为倒退的唯心主义，这种唯心主义天真地幻想着封建主义或者专制主义是当代病的解决方案。然而这也并非是完全的一百八十度大转变（volte-face）。比如，浪漫主义者可能从法国大革命的颂扬者转化为与牛津运动的参与者们相近的政治立场，[1] 但他们本就不曾是民主主义者，更别说是什么彻底的反叛者了。他们的自由主义混合了可以随着时代的历程从左派滑向右派的社群主义（communitarianism）。他们中的绝大部分即使在自己更为激进的时期仍然倡导某种精英主义秩序。他们当然深深怀疑大众。

浪漫主义的矛盾并不仅仅表现为不连贯。如果运动本身

[1] 关于浪漫主义和法国大革命关系的轻松、愉快的简要介绍，参阅 Howard Mumford Jones, *Revolution and Romanticism* (Cambridge, Mass., 1974)。

被分裂来对抗自身，也主要是因为它既是中产阶级社会的产物同时又对抗着中产阶级社会。它闪耀的个人主义正是最理想的创业者版本；然而又是对他忙于塑造的无个性的文明的非难，在其中男男女女全部被简化为众多的密码和齿轮。精神性个人主义将获得褒奖，但其有更强占有欲的（more possessive）变体必然要受到某些更为共同形式的存在的抵制，不论是自然、精神、艺术、文化、世界精神、政治的爱 113
(political love)、中世纪行会、古希腊、乌托邦社群或者是康德式的审美一致性。

关于创造性的精神也存在这样一个相似的含混。男男女女都会被视作自我决定的行动者，能够改变他们自己和所处的环境，历史也因此呈现出了未曾向牛顿或者洛克呈现过的某种价值。问题就在于如何以这种方式将人类主体从机械唯物主义中拯救出来而不需承担傲慢自大的罪名。人类的创造性必须对抗决定论者，但是如此一来那个刚刚将世界置于脚底的文明必须防止不虔诚的僭越。仅仅为了对抗客体而在脑海中召唤它们的费希特式幻想正是一个恰当的例子。卡尔·施米特的《政治的浪漫派》严厉批评了浪漫主义，称其将世界还原为主体性幻想发生的场合，只利于全能的自我。

然而，这个进退两难的困境确实有解决之道。某种“糟糕的”被动性，仅仅将个体视作感觉数据接收器或其环境的功能，而这正是创造性心灵的学说试图反驳的。然而还存在某种更为明智的被动，在这种泰然的状态中人类可以耐心地、虔敬地对他们周围的生物性生命开放。济慈的否定性能力就是这样一种干预性意志的暂停。在主动和被动之间的那个平衡因此可能受到冲击。这种均衡的一个实例就是灵感型的诗人，其对自身艺术的掌控来源于对非自身力量的依赖。

其他的含混也大量存在。支持感情而非理性就是要挑战
114 商人和牧师那种冷血的理性。然而这就可能褒扬习俗和本能超过严肃的探求，也因此将社会秩序隔离在理性的批判以外。浪漫主义对分析性思想的厌恶在这个运动的后期阶段产生了一些不好的影响。“光明就在我心中，”雅可比辩称，“然而一旦我试图将其置于我的理智之下，它就消失无踪了。”[1]曾努力拜读其作品的人将会非常明确地理解他的意思。由于感情在很大程度上是局部的（local），从理性向感觉的转向或许意味着将一个抽象的普遍主义替换为一个顽固的本位主义（parochialism）。浪漫主义对于感性的特殊性的狂热崇拜会造成同样的结果。就全球化视野看来，柏克的小圈子并非总是更可取的。感觉很容易被反叛力量征用，就像它易于被整合成为标准的反应。情感的归宿主要还是家庭，而它几乎不可能是颠覆性力量。

有机物（organic）的概念为机械理性提供了一个受欢迎的替代选项。它还是对那个个体在其中似乎失去所有与他人的至关重要联系的社会秩序的断然拒绝。然而对那个建立在

---

[1] 引述自 Isaiah Berlin, *Against the Current* (Oxford, 1981), p.17。

已经与等级观念完美融合的有机体之上的社会生活模型，头明显比脚趾甲更重要。它同时还倾向于渐进的改革而不是激进的革命。对于埃德蒙·柏克这样的进化论者来说，仅仅是这个组织的缓慢形成的过程大体上就足够证明其合法性。长久的存在就是某种合法性。历史就是其本身的保守论证，比某些抽象的命题要强有力得多了。大卫·休谟大致也是如此认为。

浪漫主义还在其他方面有自相矛盾之处。自然、艺术和想象都是社会革新的珍贵资源。然而它们也能在政治希望消
退之时提供一个逃避历史的奥林匹斯山式的（Olympian）庇 115
护。因此华兹华斯从雅各宾派转向了山川。世界是鲜活的这一观点挑战了理性主义者物质停滞的论点，同时还抨击了将自然视作工具的愚钝论调。然而它也同样起到神秘化的作用。自然或许不是死物，但是也肯定不是主体。无论如何，将自然、艺术或者人类视作其本身的目的都是忘记了工具理性在人类事务中确实存在。没有它也当然不会有社会变化。这样一种理性是浪漫主义不共戴天之敌功利主义的惯用手段；但是随着19世纪的消逝，这一学说确实带来了某些令人钦佩的社会变革。狄更斯在《艰难时世》中为取悦大众而对它的蔑视是典型的粗暴而不严谨的。

是其自身存在理由的艺术就是对交换价值的雄辩回应，但是并不容易看到它是如何救赎世界的。对激进浪漫主义者而言，艺术再现了我们为之而活的价值，但是我们活着并不是为了艺术。自治既是政治的又是审美的价值，因此艺术作

品的自我依恃（self-dependence）所论及的就不局限于其自身了。介乎雪莱和丁尼生之间的某处，这一洞察被错放了。想象逐渐不再作为政治力量。随着工业资本主义时代的展开，艺术作品的自治开始变得只能言及自身。激进浪漫主义融合进了世纪末的唯美主义之中。艺术本身替代了它曾提出的幸福的承诺（*promesse de bonheur*）。

浪漫主义思想里面还有更深一层的矛盾，但此处只能被简略触及。一则，无限这一理念可以是一种异议的姿态（gesture of dissent），反对那个认为真实即是可被计算之物的理性主义。然而它也倾向于蔑视有限，讽刺的是，这么做的
116 话就会反映出理性主义本身贬低世界的方式。二来，认为人类正向完美发展的观点对那些信奉人类堕落的小资产阶级清教徒而言是件打脸的事儿；但它足够契合中产阶级对其自身深不可测的力量的信仰。最后，值得注意的是对浪漫主义者至关重要的自我决定（self-determination）的观点，在政治上就是一把双刃剑。它当然可以意味着共和主义、反殖民主义和大众民主，但是它同时也是工业首脑们的信条。

* * *

浪漫主义在现代留下了自己令人难忘的印记。从艺术到性，从生态学到主体性，它构建了其文化潜意识的主体部分。查尔斯·狄更斯的小说就是它如何迅捷而普遍地转变了共同

情感（common sensibility）的佐证。现代思想家无可避免地是后浪漫主义者（post-Romantics），正如他们无法逃避成为后达尔文主义者（post-Darwinists）或者不经意间就成为后弗洛伊德学派（post-Freudians）。宣称他们是自发的后费希特学派（post-Fichteans）则有些牵强了。此外，浪漫主义作为宗教的替代品而言进展特别地良好，从牧师发展为诗人，从圣事发展为符号，从神圣发展为完满，从天堂发展为政治乌托邦，从神恩发展为灵感，从上帝发展为自然以及从原罪发展为存在（existing）的无法命名的罪行。

然而，大体上，对统治力量进行补充而非替代就是这个运动的命运。从布莱克到劳伦斯，某些这一运动中的艺术家和思想家对工业资本主义提出了严厉的谴责，这被记载在雷蒙·威廉斯的《文化与社会 1780—1950》中。[1] 如我们接下来
将要讲到的文化批评一样，它也是一个主要发源自激进右派 117
的批评。布莱克本人则明显是个例外。也就是说，它发源于那个启发了 20 世纪早期某些最为杰出的文学艺术的世界观。然而如果它高声反对工业资本主义导致的精神破坏，它这么做的同时在很大程度上也是将资本的权利神圣化了。当然，存在某些值得尊敬的例外。在世纪末（*fin-de-siècle*）的英格

[1] 遗憾的是威廉斯本人把他自认为不符合政治要求的多方面传统从自己的研究中剔除了。其中关于柯勒律治、卡莱尔和劳伦斯的章节正是这种激进的挑剔性眼光的例证。结果就是尽管书中的描述精妙而具有开创性，但也是严重片面的。

兰，威廉·莫里斯将这一传统转化为一个政治浪潮——工人阶级运动——创造了社会主义编年史上直到法兰克福学派出现之前最无与伦比的文化批评。

对于前现代的往昔——远古的、古代的、返祖的、野蛮的或者神话的——所怀有的浪漫的思乡病为现代种下了苦果。它是被某些现代主义继承下来的遗产。然而也恰恰是其对封建主义、等级制度、传统、兰斯洛特·安德鲁斯、传统中国、古墨西哥、异教生殖崇拜或者想象性的 17 世纪英格兰的有机社会的偏爱，现代主义也能够鞭挞物质主义、金钱关系、占有性的利己主义、对自然的掠夺、大众文化的堕落以及人类权力的专横运用。在这方面，它政治上的含混与其浪漫主义先驱者们所具有的含混相差不远。

在从荷尔德林时代向霍夫曼斯塔尔时代的过渡中，浪漫主义在试图继承宗教衣钵的同时也承载了宗教的命运。随着多疑的 19 世纪的展开，它也渐趋保守并被围困，正如教会过去曾遭遇的一样。在由早期德国浪漫主义和激进英国浪漫主
118 义者向象征主义者、前拉斐尔派画家和世纪末唯美主义者的运动中，那个试图改变世界的驱动力渐渐被否定世界的驱动力所压制了。一个曾经设想着在公共领域处于被围攻地位的浪漫主义变成了稳定私人化的。当然，它自始至终都是显见的冲突。夹在迫切要求唾弃世界和极度渴望改造世界之中的浪漫主义存在着一种张力。宗教也有此张力。

如果说艺术与宗教同时被抛出了社会主流，那么最终落

入对方怀抱于它们而言似乎是符合逻辑的。正是本着这种精神，马修·阿诺德试图让诗歌发挥宗教作用，我们在下一章节将看到。然而，事实是正如不幸的林中婴儿（Bades in the Wood）一样，双方都没有足够的能力帮助对方。

119

第四章　文化的危机

令人瞩目的是现代性究竟用了多长时间才成为真正的无神论。即使它做到了，也绝不是通过反驳或消除宗教信仰。不信仰上帝远比一般想象得要困难得多。每当全能的神似乎安全地被打发了，他总是可能以这样或那样的伪装再次出现。就像布鲁斯·罗宾斯写的，有必要将世俗化的历史表述为“真实而有效的，即便上帝－术语（God-terms）[即上帝－替代品（God-substitutes）] 总是引发更深的怀疑和更进一步的世俗化”[1]。世俗概念，罗宾斯指出，它们自身“背负了如此多的宗教包袱”以至于宗教信仰无法轻易被交付给那个愚昧的过去。

如果说启蒙运动没能驱逐宗教，主要也是因为这么做并

---

[1] Bruce Robbins, ‘Enchantment? No, Thank You!’, 见 George Levine (ed.), *The Joy of Secularism* (Princeton and Oxford, 2011), p. 91。

不完全符合启蒙运动的政治诉求。即便它真的这么做了，它
的那种理性也太过挑剔、太过理智而无法赢得人民大众的心，
大众被圣灵感孕说（Immaculate Conception）触动的可能性比
被某种冷血的最高存在触动的可能性高得多。为这种理性补
充某种关乎日常经验的感觉的尝试——简言之，美学——永
远只会被那个小圈子所津津乐道，正如唯心主义和浪漫主义 120
运动试图通过神话接触大众的尝试也永远无法摆脱某种枯燥
乏味的知性主义。直到 20 世纪文化工业的到来，大众的梦想
和欲望才全部被置于在权力的保护之下，尽管一直阻力重重。
在某种意义上某些早期哲学家曾经梦想的大众神话最终以电
影院、电视机、广告和大众出版的形式实现了。

那么，文化的理念是什么呢？如果这是长久以来继承宗教权杖最为可信的候选人，正是因为它包含着基础的价值、超验的真理、权威的传统、仪式的实践、诉诸感觉的象征主义、精神上的内在性、道德上的成长、集体认同以及社会使命。宗教既是幻象也是制度，既是被感觉到的经验又是共同事业（universal project），极度自信的文化试图自己拥有这所有的特性。问题就在于它能否在启蒙运动学者、唯心主义先贤和浪漫派艺术家异常担忧的将少数人的价值观与大众生活之间的鸿沟联通起来这方面和教会进行竞争。作为少数人的价值观的文化能够和作为整体生活方式的文化结合起来吗？教会以自己的方式弥补了这条缝隙，将神职人员和世俗之人置于同一个制度之中；虽然朴素的信众和枢机主教及神学家并

不能完全契合，这与他们共享的信仰相比并无大碍。在这种社会制度之内，等级制度和集体性完全相容了。一个施瓦本的农民或许无法像图宾根的神学家一样去掌握原罪学说，但是这两种理解方式之间却有着许多的类同。

121 在《基督教社会的理念》以及《文化的定义刍议》中，T. S. 艾略特转向探寻宗教如何能够对精英阶层意味着神学而对大众则意味着神话，然而还能够避免二者产生冲突。这里就存在着一个意识和潜意识之间的区别在起作用，被知识分子作为真理而宣扬的则被普通民众作为自发的习惯和未经思考的习俗在实践着。两个群体共享着同样的价值，但是是在不同意识层面上。精神上的等级制度因此能够与共同的文化和解。社会主义式的平等（socialist equality）被唾弃了，但自由的个人主义同样如此。近似的理论潜藏在艾略特的戏剧之中，其有意将角色和观众都分化进入不同的理解层次。《大教堂凶杀案》的主角完全意识到了他的悲剧性境遇，然而坎特伯雷的女人就像许多艾略特戏剧的观众一样，在很大程度上对于正在发生的事情只有一个不甚明朗的感觉。在《家庭团聚》和《鸡尾酒会》中都有糊里糊涂的角色，就像在剧院池座和楼座都会有精神上平庸的男女一样。他们只能模糊地感觉到某些重大的事情正在发生，不能指望他们上升到任何更为敏锐的洞察。人类无法承载太多现实，尤其是其中那些卑微的成员。文化是自我意识（self-awareness）最为复杂的形式，但也是最无需思考的。对艾略特以及柏克而言，它意味着某种社会无意识。它是可计算的

（calculative）和理论的（theoretical）阴暗面，以理所当然的行为而非清晰表达的信仰来揭示自身。[1]

文化能够在后宗教时代成功变为神圣话语，以某种精神上的共享（communion）将民众和知识分子结合在一起吗？它能够以宗教信仰的形式使最为超自然的真理对日常行为产生 122
影响吗？如果可以，作为规范性理念（normative idea）的文化将会和作为描述性范畴（descriptive category）的文化相一致。就这一理念的两种意义而言——粗略来讲，美学的和人类学的——都被包含在一个有机社会的梦想之中，在其中日常生活将会被赋予某些艺术的创造性的热忱。这两种文化的概念能够再次于工业资本主义的中心地带汇聚，以便文化能够传承宗教之衣钵成为社会秩序和道德行为的保证吗？

总之，答案是它们做不到。历史上还没有哪个象征模式可以在将最为高贵的真理与无数男女的日常存在结合起来这件事上匹敌宗教的能力。欧洲的统治力量在这样的警告中预见到了自己的灭亡并不奇怪。然而如果启蒙运动未能将宗教信仰驱逐，唯心主义者和浪漫主义者未能将其世俗化，那么文化的概念就显得让人担忧和不可捉摸以至于不能作为补缺者。那么可以肯定单独的审美文化之中也不存在什么救赎。对那而言它是个太过小众的追求。然而也无法对作为整体生

[1] 参阅 Terry Eagleton, ‘Eliot and a Common Culture’, in Graham Martin(ed.), *Eliot in Perspective* (London, 1970)。

活方式的文化理念抱太大的救助的期望。不存在什么整体的生活方式。人类社会是多样化并且存在异议的。文化更倾向于反映社会分裂而不是调和它们。一旦这些争论开始渗入文化概念自身——一旦价值、语言、符号、亲属关系、遗产、身份认同以及社群变得充满政治性——文化就不再是解决方式的组成部分而是问题的组成部分了。它不再能够将自己表现为替代片面利益的一个共同选择。反而，它从一种伪造的超越性变为好战的特殊主义。实际上，这已然成为后现代主义之下的文化的命运。

* * *

123 埃德蒙·柏克没有让“文化”这个术语为其所用，但是他意识到了这件事本身是对革命的一种有力的解毒剂。确实，某种意义上文化恰巧是政治的对立面。或者至少，如审美一样，是一种看似非政治的政治。现代时期的文化概念有许多的来源（民族主义、地方主义、民众迁徙、帝国主义人类学、反资本主义批评、宗教信仰的衰落、身份政治等等），但是可能比提名法国大革命为其主要来源之一更糟。正是在对这一灾难的反应中，文化的概念获得了某种紧迫性。对柏克来说，文化这个问题是关于有机错综、古老的习俗、积淀的感情习惯、自发的忠诚、理所当然的虔诚、被时间神圣化的制度、本能的情感与厌恶、微妙的传统强制力、语言的宝库、对祖先的尊崇，以及国家、风景和亲人的爱。就这样，它具有了一种如地质学意义上缓慢的时间，费力地抗拒着在英吉利海峡对岸正在发生的突然变化。从这个角度看文化革命的理念可以说是某种矛盾修辞。一个因文化所赋予的恩典而升华的人同时也以和谐与修养为名义拒绝了任性的激情和吵闹的党派偏见。对抗现状是政治性的，然而使其免于粗鲁的行为却不是。文化的语调是适度而平和的，但是政治的声音则是粗野和刺耳的。为妇女权利呼号在马修·阿诺德看来不算是文化，但是为父权制谦恭地辩护或许能够达到其标准。全面性的反而古怪地变成了单方面的。

忠实于这种继承，阿诺德的名著《文化与无政府状态》 124
真的就意味着文化或者无政府状态，正如他的《文学与教条》也真的意味着文学或教条。这里的无政府状态指的就是被 18 世纪商业人本主义者赞颂为文化使徒的商人阶层。然而，到了阿诺德的时代，个人教化意义层面上的文化已经不再具有足够的政治弹性。关键不在于用文化人来充实社会队伍，而是以文化为壁垒防止社会动荡。《文化与无政府状态》因此试图让审美的文化影响社会学的文化，彼时彼刻维多利亚时代的英格兰的阶级斗争正在加剧。这部著作的历史背景是《第二次改革法案》(the Second Reform Bill)，此法案希望将工人阶级的政治组织纳入到议会制民主之中。阿诺德作品的主旨就是在精神上也同化它们。

然而这两种意义上的文化通篇都是冲突的，因为讨论总是持续不断地从一个领域滑动到另一个领域。文化既是暂时的又是永恒的，既是社会政策也是个人教化，既是达成完善的过程其本身也是完善的条件。它首先不是作为生活的实践模式而是作为一个“向内的运作”（inward operation）或者沉思的精神状态那样被理解。它“将人类的完善置于某种内部条件上”[1]。书中一系列乏味套话很快变成讽刺性模仿的对象，文化就是“甜蜜与光明”，“我们最好的自我”，“对完美的研究”，“弘扬理性与上帝意志”的权力，“如实看清客体”以及“已经在世界中被思考与言说过的最好的”。由于这些响亮的
125 抽象概念都没有太多确切含义，或许有意为之，它们每一个都可以被用来巩固其他的概念，以一种循环的运动预见了阿诺德其后的《文学与教条》中那令人惊讶的重复性文章。在这些高贵空虚的光芒之中，在阿诺德假定（虽然这是种隐秘的自我恭维）自己并非哲学家之时也没人会倾向于怀疑阿诺德正在如实看待客体。他或许没什么哲学思想，但他肯定有某种意识形态。

这种文化概念的无效并不仅仅是劣质思考的结果。相反，它的朦胧性是确有必要的。文化无法被准确界定的原因在于其本质蕴含在它对特殊的超越性之中。它的空虚因此直接与其权威性成正比。由于它无法被约束，它也就无法被批评。弗雷德里克·哈里森很快就在对阿诺德观点的某个恶作剧式的

[1] Matthew Arnold, *Culture and Anarchy* (London, 1924), pp. 10–11.

诙谐戏仿中指出了这种令人惊讶的空虚。阿诺德式的文化意味着“永恒的运动，但没有任何东西默许；所有问题的永恒敞开，却不做任何回答；万事万物无限的可能性；化身万物，成为无物（nothing）”[1]。对哈里森自己而言，作为奥古斯特·孔德的信奉者和明显进步的牛津学院（瓦德汉）的成员，文化首先意味着一种更为可见的社会变革事务而非精神的境况。对阿诺德的另一个人格而言也是如此。

文化在阿诺德看来本身并不关乎行动。它更像是丰富多彩的行动的源起。与席勒的审美状态一样，它表示着极其无私的总体性或者多面性，与之相比所有个别行动或者社会利益都必然显示为某种堕落——用阿诺德自己那傲慢而不屑一顾的语汇说，“机械而已”。就这样，它不易察觉地贬低了其正试图修复的那个状况。阿诺德不遗余力地坚持着他批评的尖刻，只是希望能预先制止“粗野和无礼的行为”（此处的阶 126
级表述值得注意）；但是他将行为仅仅视作已经被内在决定之物的外化而非内在性的条件这点却难以不被怀疑。行为或许表达出了心灵的状态，但并不是它们的构成因素。

和席勒一样，不偏不倚的整体观意味着在大的规划之内按照个人行为的相对性行事。文化因此讽刺地成为了生活的准则。人必须同时处于热衷俗务与清心寡欲的状态。阿诺德公开承认自己是个俗气的人或者中产阶级的成员；然而由于他

[1] Frederic Harrison, ‘Culture: A Dialogue’, *Fortnightly Review* (November, 1897).

也是那群唯利是图、心智粗俗的群体成员中那个持不同意见的，好像可以从外部对他所属的生活方式作出批判。对自身信念的玩味的疏离正是文化人的一个标志；但它同时也是一种政治，因为“雅各宾主义的两个突出标志——它的凶猛以及对抽象系统的沉迷，文化是这两者永恒的对手”[1]。文化求助于平衡（equipoise）来缓和政治的尖锐，使心灵保持宁静从而不会被任何偏见或狭隘所污染。这是经典的牛津式的作风。不像理智而易激动的法国人，英国人以他们的沉稳冷静以及欠缺系统思考能力而著称。他们不会为自己的观点所蒙骗。阿诺德的散文风格，有着谦恭而平和的特性而且时不时能感到作者捂嘴偷笑，其本身就是为去除激情而做的尝试。它同时还有助于掩饰这样一个事实，即那个镇定沉着的圣人比他单调、温和的自我满足的作品风格所显示的更为容易被政治环境所激怒。托马斯·卡莱尔那愤怒的、启示录式的散文提供了一个有益的对比。

127 与拒绝以贵族精神严肃待物的阿诺德轻快的自我解嘲相对的，是中产阶级伦理家和普通平民领袖的严肃的狂热。由于其顽固的片面性，二者都不可避免地缺乏希腊式的精神适应性。他们每人都倾向于以希伯来的方式作出绝对审判，然而文化人坚定地关注着整体，就会将所有此类判决视作目光短浅。文化或许充当着对工业资本主义的批判，但它不过就是对挑战自己的那个力量表现出了轻蔑而已。激进政治家可

[1] Arnold, *Culture and Anarchy*, p. 33.

能谴责利润动机或者贵族特权，但是文化却在人类存在的多样化总体中把握住了它们的角色。简单讲，它是某种高洁的宿命论，沉静地确信万物皆有其位。就其本身而言，它同样是一种神义论（theodicy）。

阿诺德对属于历史主流的无论何物（比如，英国国教）都有较高的评价，对异端或边缘的（比如卫理宗[Methodism]）则多多少少有些贬低。当然，这倒不是因为他认为英国国教比卫理宗掌握了更多的真理。在他看来二者都根本没掌握多少真理。只能说重要的是要跟随主流观点。仿佛被吸纳进了整体即是为自身构建一种美德。这种情况完全是形式主义的。这对一个将自己视作中产阶级异类，是被困在野蛮汪洋中孤独的文明（civility）化身的思想家而言是个古怪的观点。如果追随主流本身就是美德，那么片面性据此而言即是背德。保持未开化状态也是恪守本分。文化就是均衡性的问题。带着这种偏见，阿诺德就能够抨击某些高度具体的政治态度而无需显得刻意为之。他似乎暗示，他并非基于实质性基础来反对这个或那个，而是仅仅基于形式上的理由。 128
事实上，违反了匀称、均衡、平和和多面性的观点就会引起他的反对，即便这个观点对宽容而公正的读者而言足够朴素，他无论如何还是会觉得它彻头彻尾地令人反感。

然而文化完全不能满足于这种中立地位。在一个阶级斗争、逐步世俗化、市场无政府状态、道德失序以及贵族失去精神领导权的年代里，仅仅作为内在教化的文化明显是没有前途的。反而，它必须变成实用的、共同的和革新的。如果它意欲替代宗教，这是阿诺德真正的目标，它必须从它飘渺的高地纡尊成为富有战斗力的社会使命。它必须包含“邻人之间的爱，行动、援助和慈善的冲动，改正人类错误、清除人类迷惑、减少人类困苦的诉求，让世界比我们发现它时更美好更幸福这一高尚的抱负”[1]。然而，从奥林匹斯山的观点看来，这又何尝不是证明了文化的堕落呢？作为牛津唯美主义者的阿诺德与作为勤勉的公立学校巡视员的阿诺德又是怎样和解的呢？均衡性和总体性怎么才能在它们试图实现自身的那个瞬间免于致命的妥协？然而，如果它们未能成功跻身物质存在，那么就难以理解文化如何才能不仅仅是那个在光亮的空虚中挥舞翅膀的美丽而无用的天使，借用阿诺德自己谈论雪莱的话。[2] 文化越是参与，它就越不能充当调解人；但它越是寻求调解，它就越是不可能被证明有效。

特权阶级的文化如何才能传播得更为广泛？如果不能，那么那些少数派的价值观本身就可能被围困。它们只有被普及，最终才能被保存。然而在大众之中宣扬这些价值观或许
129 意味着它们的消亡。向新的社会群体输送文化价值观之时难以做到过程中这些价值观不会发生变化；但是阿诺德并未预

[1] Ibid., p.7.

[2] 参阅 F.W. Bateson (ed.), *Matthew Arnold: Essays in English Literature* (London, 1965), p. 206。

见到那些被邀请来共享他自己信仰的人可能参与对这些信仰的改造。文化，如果试图生存下去，就必须不能囿于修道院，但是也不能无限制地从根本上重造。它或许是个实际的、集体的、永恒的开放式过程，但同样也具有某种固定不变的典范的意味。它背对实用性，但现在又必须被用于某些急迫的社会目标。如果它无法流行起来，政治上的无政府状态就可能随即发生。由于宗教的权力逐渐衰落，文化似乎是缓和中产阶级贪婪和工人阶级深仇的唯一途径。顺便一提，值得注意的是阿诺德对无政府状态的见解既包括了中产阶级个人主义也包括了无产者的反抗，虽然他那个时代工人阶级的战斗力被引导来对抗市侩的放任主义。它显示出了对更多的而不是更少的社会控制的需要。

于是，文化必须将这些讨人嫌的社会阶层同化进社会整体之中。如果它不这么做——用阿诺德的话来讲，假如它无法使伦敦东区与自己保持一致——它就会发现自身成为了废墟。这项策略更多是自私的而非慷慨的。向大众传递文化是种道德义务，但它同时也明显是个自私自利的行为，就像狄更斯在《荒凉山庄》中写到对伦敦东区疫病的照看不过就是为了阻止潜在的致命性感染传播给那些健康的郊区居民。“文化，”阿诺德写道，“明白少数人的甜蜜和光明是有缺憾的，除非冷酷而无情的大众也被芬芳和光明所触动。”[1]事实上，他

[1] Ibid., p.37.

130 如此宣称，文化“试图摒弃阶级”，此种意义上的文化人是平等（equality）的真正的信徒。然而阿诺德真正试图摒弃的并非阶级而是阶级斗争。和许多热情的自由主义者一样，他厌恶冲突和纠纷。文化，他断言，是憎恨与不和之敌。他似乎未认识到一定程度的争辩可以被包含在使其发扬光大的过程中。

尽管厌恶冲突，阿诺德还是渴望看到国家的威势毫无顾忌地对工人阶级示威者进行镇压。因为国家是“具有集体性和共同性特征的”，这种镇压完全是公正无私的。将表达政治意见的工人投进监狱是以某种非常平衡的总体性为名来抑制偏隘私利的尝试。阿诺德说，我们需要“为了将来他们自身的以及我们全体的最好的自我（the best self）而镇压伦敦的暴徒”[1]。这个在国家中实体化的所谓最好的自我，必须强有力地镇压“任何将骚乱和无序以及游行队伍带到我们拥挤的城市街道上的事物”[2]。也就是说，我们更高的自我必须将较低的那个自我逮捕。甜蜜和光明与手铐和脚镣绝非不相容的。与大多数对宁静与和谐的呼吁一样，只有某些形式的暴力会受到谴责。

令人惊异的是当面对政治阻力的时候，文化会变得多么确定。就其本身而言，它不过是一个思想的自由运动罢了，

[1] Ibid., p.199.

[2] Ibid., p.70.

没有什么偏见或者预设；然而它仍然揭示了阿诺德所谓“事物的可理解的法则”，尽管它非常模糊，但也能够告知男男女女他们“只有义务而完全不享有权利”[1]。尽管文化没有什么庸俗的党派偏见，它仍然成功地说服了我们封建特权应该被“逐 131
步地缓和地”而不是“激烈地突然地”废除。尽管它缺乏决定性的内容，以及它对“机械而已”的蔑视态度，它还是使得阿诺德本人反对《无遗嘱不动产议案（1866)》(Real Estate Intestacy Bill of 1866)。

作为一个支持强权政府的自由主义者，阿诺德标志着自由放任资本主义朝着更为集团化的方向迈进的节点。他主张，中产阶级经济的无政府状态目前已经销蚀了工人阶级“关于主仆关系和忠诚顺从的强大的封建习惯”[2]，让他们沾染上了某些中产阶级破坏性的对自由的狂热崇拜；所以那个被称作文化的新式的、国家中心的意识形态必须恢复这些正在衰落的价值观。中产阶级正面临着以他们难以驾驭的市场力量破坏使他们的生活方式合法的阶层化的政治秩序的风险。因此他们需要更为强力的政府来实现政治目的，同时需要更为集体化的意识形态来达到道德目的。借由文化－国家（culture-state）这个理念，这两种诉求可以轻松地结合起来。

对强权国家的呼唤就是承认了心灵的自由嬉戏同样有其

[1] Ibid., p.165.

[2] Ibid., p.45.

限度。在将政治秩序问题纳入考虑范围的时候一定不能是完全开放性的。如果这个秩序对大众而言要变得更甜美、精致、易于接受，那么希腊精神就是必要的；但是这种思想的错综复杂同样可能破坏它。精神的自由主义一定不能威胁到政治的或者经济的自由主义。心灵只能够在特定的社会条件下自由嬉戏，要保证这些条件不受损坏就需要一些不那么自由的措施。简单讲，暴力和偏见就在宽容根基之处。

于是，文化既是问题也是解决方法。如果它是无政府状态的答案，当被压迫到某种极限状态时它又背弃了自身的这种倾
132 向。为了不破坏希伯来文化，希腊文化就一定不能表现出那种宏伟的多面性。至于希伯来文化，阿诺德意指顺从、良心、自我规训以及敬畏上帝，所有这些或许都与他所谓的“粗暴行径（rowdyism）”形成了对照。认知（knowing）绝不能被允许对行动（doing）施以致命的打击。不计后果地扩张权力并不比狂热地限制权力更为优越。如果审美意义上的文化那讽刺性的超然与道德和政治意义上的文化产生了冲突又会怎样呢？

希腊文化在超我德行（superegoic virtues）方面太过缺乏以致不能在政治危机之时被全面接受。确实，阿诺德式的希腊精神希望将所有可能性结合起来，结果采取了相当奇怪的策略，试图将希腊文化本身与希伯来文化相结合。由于前者是贵族式的而后者是资产阶级式的，它们的联合多多少少反映了维多利亚时代的英格兰实际正在进行中的社会阶级融合。假如上层阶级需要强硬化，那么中产阶级需要的是柔软化。

因此需要文化与良心的明智结合，就像一个闲适的贵族统治阶层既充满了希伯来式的热忱又无需放弃其精神的宁静。同时，乏味的工业领袖必须在无损于自己活力的情况下受到荷马与歌德的影响。如阿诺德大部分的政治构想一样，解决方案是完全理智的。

《文化与无政府状态》出版短短几年之后，另一部专注于反抗的工人阶级的作品就出现了。尼采《悲剧的诞生》(1872)，其中包含着对酒神和日神的反思，似乎很难像阿诺德的文章那样成为政治时代的小册子。但如果说尼采大声疾呼神话和悲剧智慧的重生，也主要是因为他看到社会“奴隶阶层”愤怒渐起，他轻蔑地称之为“亚历山大的”或者科学 133
理性主义文化的后果。他写道：“一个野蛮的奴隶阶级，他们已经学着将自己的境况视作一种不公，并且现在试图复仇。不只是他们自己，而是世世代代都将如此。没什么比这更糟糕了。”[1] 这里隐约可见的是“沉眠于理论文化子宫中的灾难”[2]。在这个即将到来的风暴面前，尼采发问，谁胆敢有丝毫的信心向我们“无力而疲惫的”宗教求助？取而代之被需要的是神话的复兴，这将结束当前欺瞒大众的关于进步以及乐观主义的世俗精神。如果尼采呼吁悲剧图景（tragic vision）的复兴，也是为了比审美更紧迫的理由。

[1] Walter Kaufmann (ed.), *Basic Writings of Nietzsche* (New York, 1968), p. 111.

[2] Ibid., p.112.

* * *

在《文学与教条》中，阿诺德以宗教术语重写了他的整个论证。以值得称赞的坦诚，他在作品开头就宣称这个时代最主要的政治困境就是“堕落的大众”。“普通民众中的许多人，”他在姊妹作品《上帝与圣经》中评论，“已经信奉了某种革命性的自然神论，反对所有古老的、传统的、既定的和稳妥的，赞成彻底的清除和新的舞台，让处于背景的阶级成为主要演员。”[1] 使宗教变得不可信的就是工人运动。“许多成功的、精力充沛的、具备独创性的工匠阶层，他们正处在稳定和上升期，”阿诺德在《文化与教条》中告诉我们，“目前发现他们……完全地排斥《圣经》，并且追随那些告诉他们
134 《圣经》是已被破除了的迷信的老师们。”[2] 他并未论及自己对《圣经》也持同样的观点。

事实上，这里利害攸关的，是启蒙运动所谓的双重真理的学说。对伏尔泰或者阿诺德这样的文明的上流人士来说，质疑基督的神性并没有什么危害，但如果是工会的激进分子这么做可就是另外一回事儿了。“人们关于宗教的幻觉并不应该总是受到攻击，”阿诺德警告道，“因为它们只是幻觉。”[3]

---

[1] Matthew Arnold, *God and the Bible* (London, 1924), p. 6.

[2] Matthew Arnold, *Literature and Dogma* (London, 1924), p. vi.

[3] Arnold, *God and the Bible*, p. xi.

许多启蒙运动者对此衷心地赞同。如果能避免工人们染指私有财产，那么少许的幻觉是没有什么坏处的。然而，自启蒙运动而始的改变，即对宗教的怀疑，现在已经渗透进大众自身之中，并且从未真正远离过社会主义。与伏尔泰明显不同，在阿诺德看来，最令人不安的正是民众的怀疑而不是他们的迷信。具有进步精神的异教徒现在是处境艰难的工人阶级，而不是中产阶级哲学家。如果说启蒙运动的理性主义距离民众的宗教太过遥远，现在的宗教对日益增多的不可知论的（agnostic）民众而言却也太过疏离。为了纠正这一状况，阿诺德将自己视作对他的广派教会（Broad Church）父亲工作的传承者。[1] 事实是他并不信仰广派教会，就此而言也不信任其他什么教派，这似乎并不妨碍他达到这个值得尊重的目标。

解决问题的途径并非改造大众，清除他们新近习得的怀疑主义，而是要改造《圣经》。一个人不能完全以基督教义行事，但是也不能脱离它来行事。阿诺德断言，如果《圣经》试图“触及民众”，那么文化就是最基本的。他借此意欲表达的就是如果正统宗教已经无法对下层社会施加影响，一个适
当地诗意化的基督教或许可以取而代之。[2] 民众一定会赞誉 135
“《圣经》的语言是流畅、生动和文学的，而不是死板、僵化

[1] 参阅 Park Honan, *Matthew Arnold: A Life* (New York, 1970), pp. 126–7。

[2] 就大众易理解的宗教而言，阿诺德受阿西西的圣方济各（St Francis of Assisi）影响颇深，这位圣者被视作“教会历史上迄今为止最受欢迎的牧师”(R.H. Super [ed.], *Matthew Arnold: Lectures and Essays in Criticism*, Ann Arbor, 1962, p. 223)。

和科学的”[1]，也就是说它是诗和文化的话语而不是道德绝对主义或形而上学教条。像阿诺德这样的文学批评家因此发现他们自己被赋予了某种至关重要的新职责。学者的任务就是以他们灵活的、非教条的精神，去坚持被作为福音真理的比喻性的本质。在理性主义时代这似乎极不可能，而拒绝这些东西可能动摇政治统治基础。

阿诺德宣称，需要的是“重塑”宗教，以便于那个被去除内核的、去神话化剥离了超自然主义的《圣经》版本，可以赢得普通大众的忠诚并继续对他们施加约束性的道德影响。事实上，从某种意义而言这就是我们所研究的大部分思想史的目的所在。从有神论或者启蒙运动的不可知论到浪漫主义者的神话化和维多利亚时代的去神话化，始终存在着一种迫切，认为普通民众应该相信——不论是出于政治审慎的原因而被迫抛弃野蛮迷信，被引入更为理性的宗教，顺从于世俗神话，被包含进自称的文化国家；或者像阿诺德那样，为了更为便捷的大众消费而兜售被诗歌化的、中产阶级形式的基督教。

于是，文化就这样行使了宗教之责，自然也就行使了政治之责。或者像阿诺德本人指出的：“如果行为如其所是，不可避免地束缚于《圣经》及其正确解释，那么文化的重要性就变得无法言说了。”[2] 文化的任务就在于将宗教的道德精髓

[1] Arnold, *Literature and Dogma*, p.xiii.

[2] Ibid., p.xxvii.

从教条化的外壳中提取出来以便于让宗教重新成为一种意识 136
形态权威。它必须保存宗教信仰那神性的光晕、富于感情的修辞以及崇高的道德论调，同时小心谨慎地清空其不可信的内容。教条包含了论证，对此，正如阿诺德评价："许多人并没有多少这样的天资。"没法指望大众积极参与到宗教问题的理性辩论之中[1]；但是他们却感觉得到崇敬与顺从的天性，这才是更重要的。"形而上学方法，"阿诺德抱怨，"没有力量去控制民众。"[2] 如果宗教不抛弃形而上学，那么它就很可能失去民众。

阿诺德想象中的耶稣现身于牛津剑桥的高桌聚餐也几乎没有什么不协调之处。他的"无可争议的、迷人的、向内的工作模式"[3] 例证了文化所特有的"温和而甜美的合理性"。应当注意，那位犹太先知早已断言，他宣称自己带来的不是和平而是刀剑，说要拆散家庭并且为大地带来烈火，通过结交骗子和娼妓来与他所处时代的宗教权威为敌，将做买卖的人和兑换银钱的人丢出了神殿，对那些极端虔诚的法利赛人施以最为可怕的诅咒，并且告诫自己的追随者如果他们信赖他的言辞，他们也将被国家处以死刑。最使人震惊的是他告诫我们要为了陌生人的利益而放弃自己的生命的教条体现出的酸涩的不合理性，而不是其对甜蜜和光明的散播。对于他所

[1]　事实并非如此。在19世纪60年代的天主教爱尔兰，关于避孕的论战的高峰期，可以发现药剂师在阐述自然法。

[2]　Ibid., p.110.

[3]　Ibid., p.xiv.

要求的这种令人震惊的极端而言根本没有什么稳健或者适中的情况存在，正如克尔凯郭尔这样的神学家所意识到的。此外，基督教在某种意义上是一种建立在受折磨的身体上的信
137 仰，它既不合理又反审美。尽管阿诺德的思想很灵活，但他没能考虑到宗教和大众之间的关联的可能性或许不在于对政治稳定性的需要上，而是在于这样一个事实，即犹太《圣经》将耶和华表现为穷苦及无权者的后盾，是一个唾弃宗教狂热、责备拜物教以及偶像崇拜、拒绝头衔与肖像并且使其子民免于奴役的非神（non-deity）。

与福音书的精神内向性相对照之下，《旧约》宗教是形式主义的，关乎律令和仪式惯例的，阿诺德的这一假定是标准的基督教反犹主义（anti-Semitism）。在阿诺德看来《新约》的宗教“主要是个人事务”，这个现代的自由主义陈词滥调对圣保罗来说可能是相当之震惊。[1] 毫无疑问宗教裁判所的受害者将会非常高兴听到这个说法。和犹太《圣经》一样，基督教《圣经》也关心民众的整体命运。它们与至高无上的个人主体性概念还是相去甚远的。即便如此，通过将这两种文本结合起来，人们或许可以机智地平衡在文化和行为、存在（being）与施行（doing）、希腊文化与希伯来文化之间。《旧约》关注行为（conduct），然而它的基督教副本则指导我们要

[1] 关于保罗的政治学的杰出而博学的研究，参阅 Bruno Blumenfeld, *The Political Paul: Justice, Democracy and Kingship in a Hellenistic Framework* (London, 2001)。

“关注行为源起之处的感情与性格”[1]。这种断言唯一的缺陷就在于它明显是伪造的，正如阿诺德设想耶稣提出了一个“新的宗教理想”同样是不真实的。他是一个犹太人，而非一个基督徒。

于是，宗教被重铸为一个带有超验色彩的道德模式，或者“被感情所提升、燃烧、点亮的伦理观”[2]。在阿诺德看来《圣经》是世界上最为重要的文字作品，但是只有当它被彻底消毒后才会显现出来。一个以赈济饥民与探望病患为主要内容的谈论救赎的文本相应地被化简为情感的问题。可以肯定 138
的是，它并非任何旧有的情感。阿诺德在《上帝与圣经》中告诉我们宗教感情关乎“爱、尊重、感激、希望、怜悯，以及敬畏”[3]，这些情感断然不是无涉于政治的。基督教正义，他确信，本质上是一种关乎“内在本质、温和以及自我弃绝”的事物。不难发现这些美德对面临民众不满情绪的统治者的吸引力。福音书被简化成风格问题，而对于这种问题，文学研究特别擅长。所以，就像阿诺德告诉我们的那样，像“我们所有人都希望诚实地生活，但是难以做到”这样一个表态是道德的，然而“清心的人有福了，因为他们必得见神”就是宗教的。宗教本质上就是共鸣。原因就在于它是关于语气、

[1] Ibid., p.81.

[2] Ibid., p.18.

[3] Arnold, *God and the Bible*, p. x.

比喻、教化情感以及修辞效果的问题，文学批评者必须在宗教探究领域将哲学家和神学家驱逐。

重点在于要认识到阿诺德本人完全不相信上帝，虽然他本着自私的精神要求其他人必须相信。然而，这不会使他们承担过于费力的任务，只要他们要接纳的是阿诺德自己的神，因为这就像他的文化概念一样，仅是一种空洞的超验。上帝是“创造正义的权力，而非我们自身”，或者是“万事万物履行自身存在法则所依恃的那个趋向的潮流”[1]。这和那个告诉犹太人他们的燔祭在自己闻起来相当厌恶的耶和华可是大相径庭了。如果阿诺德的文化概念是对上帝的替代，他的上帝也是。宗教信仰，他坚持，是体验而不是理性的问题，然而他自己枯燥的构想也和最为学院派的教条一样相当抽象。当马
138 克思在给阿尔诺德·卢格的信中强调宗教“空无一物”之时，他犯了一个庸俗的马克思主义者的错误。然而作为对马修·阿诺德的宗教思想的论述而言，这个评论是完全准确的。

将上帝重新定义为“并非我们自身”，如阿诺德急欲做到的那样，是试图为这个自私横行的社会恢复某种朦胧意义上的他者（otherness）。除非男男女女被劝服不再将目光局限于个人琐事而是社会整体，社会秩序的稳定就始终是有风险的。其后乔治·艾略特也鼓吹了大致相同的教条，如与她同盟的实证主义者们那样。从实证哲学家到新黑格尔学派，利他主义

[1] Ibid., p.37.

都非常之流行。所有的市民必须是殉道者，将他们自私的天性献祭在公共权益的祭台之上。如汉弗莱·沃德夫人在她的小说《罗伯特·埃尔斯米尔》（1888）中表达的，社会已经需要一种新的粘合剂了，并且将会在有利于无私奉献的文化理念中寻找到。以这种方式，“富人接济穷人而穷人宽容富人”[1]。这看起来是个足够公平的交易。自由资本主义超越了教条的个人主义而迈入了一种更为统一的制度，这个制度将可能扰乱治安的工人阶级作为更为完整的集合包容了进来。这种演进能够在狄更斯早期和晚期作品的差异之中显现出来。然而这个发展的社团主义尚未实现它完整的意识形态表达，而阿诺德的工作正是尝试完成这个任务。

随着政治危机的加深，对阿诺德而言，行为已经比文化更为优先了，希伯来文化也比希腊文化更有优势。古代以色列人——“这个弱小的、失败的、不可亲的民族，没有政治、没有科学、没有魅力”[2]——引起了《文学与教条》的作者有教养的厌恶的战栗。这是一个你几乎不想邀请到你的俱乐部 140
共进午餐的民族。然而它在文化方面的欠缺比起它提供了一个正义行为的典范而言却是无关紧要了。阿诺德在《上帝与圣经》中强调，人们越来越感觉到，现代自由主义（他指的是人权学说）不能替代古老的宗教信仰。自由主义在政治骚

[1] 引述自 Charles Taylor, *A Secular Age* (Cambridge, Mass.and London, 2007), p. 385。

[2] Arnold, *Literature and Dogma*, p. 51.

乱的对抗中明显是一个不够有力的信仰，它必须被某些更为专制主义的信仰所补充。“革命准则的孱弱与无力”在这方面与《圣经》那强有力的道德诗歌形成了对比。“人生而自由平等”与“对主的敬畏是智慧的开始”[1] 相比似乎不太可能被当作信条来崇敬，尽管阿诺德本人不信主并且也不敬畏主。他关于文化和宗教的作品那不经意的智力上的不诚实，那不加修饰的对意识形态游戏的泄露，都是它们最为迷人的特征。

阿诺德的情况多少有点马基雅维利主义。马基雅维利也是这样敦促要尊崇宗教却又表现得事不关己。他认为，这样的狂热崇拜对市民秩序的维护是十分必要的，虽然他对其可能赞颂的某些胆怯的德行有一种近乎尼采式的厌恶。“宗教，”昆廷·斯金纳描述马基雅维利的观点，“能够以这种方式用来激励——必要的时候还可以用来恐吓——普通民众以便于引导他们将对集体的神的崇拜凌驾于其他利益之上。”[2] 这个政治策略至少可以追溯到古罗马。

讽刺的是阿诺德愤怒的原因在于发现他人质疑连他本人
141 都不再相信的上帝。在一次极可耻的背信行为中，他拒绝支持自己时代一位真正的去神话学家（demythologiser），约翰·威廉·科伦索主教，后者由于自己对《圣经》的自由－理性主义解说而遭到了正统宗教拥护者的责难。虽然事实上阿

[1] Arnold, *God and the Bible*, p.xii.

[2] Quentin Skinner, *Machiavelli* (Oxford, 2000), p.71.

诺德本人的观点和科伦索是大体相同的，他还是很快就责备其著作可能引起意识形态破坏。“人类的大多数，”他写道，“必须通过他们的心灵和想象来软化与文明化，于知识在他们之中找寻到可以扎根的土壤之前……只有当（理念）以这种方式触动他们，他们才能调整自身适应于实践而无需伤害到它。”[1] 仿佛阿诺德对那个被众多启蒙思想者忽略以及被席勒随意打发的教训始终耿耿于怀。正是他对抽象理性无法激励民众的这一理念的坚持让他麻木不仁地将一位勇敢的自由主义者同伴遗弃给了命运。

正如莱昂内尔·特里林所说，阿诺德坚称“科伦索心里的工厂技工根本没可能通过这个工作被启迪——即，他们的精神无法被提升，他们的道德感不能提高并且他们的宗教信仰也无法被增强”[2]。相应的，将信仰放在无私的探寻中的思想家，努力看清客体的本来面目，却肆无忌惮地为了意识形态原因牺牲理性的要求。民众不会被怀疑所感染，怀疑是一种危及政权的精神状态。如果他准备从这一方面让科伦索保持沉默，阿诺德也就准备以同样的热情来审查自己。他拒绝承认诗剧《埃特纳山上的恩皮多克里斯》是自己的诗歌作品，因为它与其说是启

[1] Matthew Arnold, ‘The Bishop and the Philosopher’, *Macmillan’s Magazine* (January, 1863).

[2] Lionel Trilling, *Matthew Arnold* (New York, 1949), p.211.

迪读者不如说更多的是在压抑他们。[1] 忧郁是意识形态上的失
142 能。遭遇到评论者愤慨叫嚣的托马斯·哈代将会在不久之后发现这个真相。艺术的目的就是为了振奋人心。

* * *

如果文化无法胜任上帝的替代物的角色，那么总是可以拿人类（humanity）来替代。现代时期的任务，根据路德维希·费尔巴哈《未来哲学原理》的观点，就是将神学转换为人类学，将神从他的王座上放逐而将人（Man）提升到他的位置。与阿诺德一样，他认为关键不是摧毁宗教情感而是重塑它们。当我们能够开始更愉悦地崇拜我们自身之时，再浪费时间去崇拜无形的上帝就是徒劳。“成为上帝，成为人，培育自我，”弗里德里希·施莱格尔写道，“都是对同一件事的表达。”[2] 即使是对骄傲的人道主义，尤其在对自然的掠夺方面保持足够谨慎的马克思，也宣称“宗教不过是在人类无法围绕自身转动之时围绕在人身边的虚幻的太阳”[3]。最后这句话反映

[1] 参阅 R.H. Super (ed.), *Matthew Arnold: On the Classical Tradition* (Ann Arbor, 1960), p. 4。

[2] Friedrich Schlegel, *'Lucinda' and the Fragments* (Minneapolis, 1971), p.200.

[3] Karl Marx and Friedrich Engels, *Karl Marx and Friedrich Engels, on Religion* (Moscow, 1955), p. 42.

了费尔巴哈的人道教的集体性自恋。[1]19 世纪的理性主义者如赫伯特·斯宾塞、乔治·艾略特、G. H. 刘易斯都急于将我们有关敬畏、尊崇和义务的情感由神转向人类自身。对这些思想家而言科学是类宗教的（quasi-religious）工作，因为它制造了某种意义上的深不可测的奥秘。就这个层面来说，能够破坏宗教的也能够强化它，或者至少能够提供一个有说服力的替代品。

一个恰巧对自己感到相当满意的人将人（Man）奉为神明是件更容易的事。人道教归属于欧洲资产阶级更为愉悦的 143
那个年代，当时似乎有着充分的理由参与到某些令人愉快的自我奉承之中。确实，这个信条见证了中产阶级荒谬的自我膨胀。费尔巴哈眼中的人有着无穷的力量，并且完全是没有罪孽的。他的无限不知界限为何。正如查尔斯·泰勒评述的："现代人道主义倾向于发展出一个没有死亡容身之所的繁荣概念。"[2]基督教，相形之下，是一个以被处决的尸体为主题的信仰，死亡就是它观点的核心。因为它相信不面对死亡就不会有繁荣。

在上帝曾绝对君临之处，费尔巴哈们的人（Man）现在取而代之赢得了那顶冠冕。从神学角度来说，这将误解神性权

---

[1] 费尔巴哈作品的精选集详见 Ludwig Feuerbach, *The Fiery Brook: Selected Writings* (London, 2012)。

[2] Taylor, *A Secular Age*, p. 320.

威的性质。正统神学强调上帝的权威不同于专制君主，他是仁慈的，是一种允许世界成为世界本身的力量。因此他是对人类君主的批判而非其原型。宣称上帝超然于世界的真实含义是他对世界并无所求，因而不会显露出对世界的病态占有。世界是上帝的，因为世界和上帝一样是自立的（free-standing），以自身的自主而存在。这也是科学之所以可能的一个原因。创造是占有的对立面，神权是独裁的对立面。然而这些说法可难不住人本思想家（ideologues of Humanity）。与往常一样，事实证明应付对反对者的漫画形象比应付真实事物要容易得多。

人道教首次看到曙光是在那有着圣哲、烈士和宗教节日，对理性的庆祝以及对祖国的热爱的全副配备的法国大革命的阵痛之中。1793 年法令废止了对上帝的崇拜，紧接着第二年
144 对上帝的崇拜又被批准了。无神论的统治最终被证明多少是有些短命的。后一个法令宣称民众承认那个超然实体的存在，以及灵魂的不朽。

讽刺的是奥古斯特·孔德建立他的实证主义人道教主要是作为对雅各宾派的理性主义的激烈反对。孔德是圣西门非正统的门徒，他将宗教视作感情而非信条，社会聚合力而非超自然主义。在这两方面，他可称得上是马修·阿诺德的法国表亲，虽然他表现得更像理性主义者，不懈地系统化的那种。他心中的教会包含着整个社会，将民众的道德福利交托为一个世俗牧师的职责。一个强制干预经济的国家将会掌管目前大部分还处于私人掌控之中的经济。银行，作为最不可信的

机构之一，将会承担起中世纪行会和社团的作用。大众将会被吸纳进一个友爱的新宗教，这个宗教脱胎自基督教但同时也渴望超越它。艺术家被征募去服务于社会重构，激励大众以新的科学观协同一致地行动。

后一个观点还是有些意义的。孔德在圣西门的拥护者看来受科学理性主义影响过深以至于无法影响公众意见。他们嘲笑说："艺术家怎么能够对冷冰冰的科学证明充满激情呢？"[1]在实证主义者的计划中，他们断言："科学家向艺术家传达那个冰冷的社会未来图景的目的就是为了让大众接受它。"[2]然而在他们看来，将科学理性编译为感性语言是不可能的。在这个程度上，席勒以及浪漫主义神话创造者的遗产建立在一个错误的假设之上。从理论到意识形态之间没有这样 145
的通路。如圣西门本人对孔德的驳斥所言，除非社会科学自身建立在宗教观之上，它才能够在民众的情感中找寻到自己的位置。

其实，圣西门主义（Saint-Simonism）就是现代理性主义者和法国天主教复原主义者反应的结合。[3]"'秩序'、'宗教'、

[1] Georg G.Iggers(ed.), *The Doctrine of Saint-Simon* (New York, 1972), p.222.这部著作是圣西门的门徒辑选的讲稿合集。

[2] Ibid., p.241.

[3] 关于这一运动的出色研究，参阅 Frank E. Manuel, *The New World of Henri Saint-Simon* (Cambridge, Mass., 1956)。另请参阅 Georg G. Iggers, *The Cult of Authority: The Political Philosophy of the Saint-Simonians* (The Hague, 1970)。

‘社团’，以及‘奉献’，”圣西门主义者写道，“不过是一系列相反意义上对‘无序’、‘无神论’、‘个人主义’，以及‘利己主义’的呼应。”[1]这也是实证主义者的信条，他们同样建立了自己的世俗礼拜场所，设立了牧师和圣礼并且一天三次地向不确定的对象进行个人祷告。创始人孔德被指派为人类的大祭司，是人类种群真正的教皇。一个新的、无政府主义的工业秩序已然将旧的宗教信仰连根拔起却没有进行填补；如果社会主义不来弥补这个空缺，人道教就必须取而代之。鉴于宗教曾经一度被用来使现状合法化，后宗教的宗教现在已经做好了接棒的准备。天主教的象征性形式被挪用了，以阿诺德的方式首次剔除了它们的超自然内容。正如一位评论家所说，它是没有基督精神的天主教，是罗马天主教会历史上不可谓不熟悉的现象。

和阿诺德一样，孔德也认为正统宗教过时了；但是那个使宗教失信的关于人权（Rights of Man）的启蒙性论述作为建立新的社会秩序的基础又太过挑剔与消极。正如我们已发现的，工业资本主义制度无法诞育属于自身的“有机的”意识形态，并且没有能力将自己的市场逻辑转化为情感话语，它
146 需要被外来的嫁接物所补充。正如安德鲁·维尼克评论的，孔德“认为心灵而不仅是头脑必须被加以利用，如果精神的可取之处是能将割裂以及碎片化了的社会中那些分散的因素联

[1] Iggers (ed.), *The Doctrine of Saint-Simon*, p. 247.

合起来"[1]。在祭司制度和科学理性主义那怪异的混合中，形而上学从后门被驱逐了，并且只能透过层层严密的伪装才可能从前门被再次接纳。

埃米尔·涂尔干同样也认为宗教主要是社会存在的象征性粘合剂。在《宗教生活的基本形式》中，他描绘了关于人类存在的社会维度，这是个人主义文化所亟需恢复的。如之前的孔德和阿诺德一样，涂尔干认为历史处于从一个逐渐过时的秩序向那个尚无力诞生的世界的转型期。随着宗教信仰的衰落而丧失了超验性；但是"因为他参与到社会之中，当他思考和行动之时个体自然地就超越了自身"[2]。社会本身，有点像雅克·拉康的他者，能够进入那个神消失的缺口之内而显现为某种世俗形式的他者。现在掌握着社会团结的神圣仪式之关键的是社会学家，而不是牧师、诗人或者哲学家。在对谢林及其同行者的逆转中，社会学家必须用理性话语代替神话，而不是将理性转译为神话学术语。

作为社会凝聚力来源的宗教理念从基督教福音书那里得到的支持微不足道。大体上，那个文献所表述的耶稣的教义

---

[1] Andrew Wernick, *Auguste Comte and the Religion of Humanity* (Cambridge, 2001), p. 100. 对这样的主题而言，Wernick 的研究太过睿智而且理论上太过复杂。

[2] Emile Durkheim, *The Elementary Forms of the Religious Life* (Oxford, 2001), p.18. 我并非意在暗示涂尔干在政治上与孔德并列。关于他思想的研究，参阅 Jeffrey C. Alexander, *The Antinomies of Classical Thought, vol 2: Marx and Durkheim* (Berkeley and Los Angeles, 1982); Steven Lukes, *Emile Durkheim: His Life and Work* (Stanford, 1985); 以及 W.S.F. Pickering, *Durkheim's Sociology of Religion* (London, 1994)。

更多是破坏性的而非安抚性的。他以自己的使命为由割裂了父子关系。种族的、社会的以及家庭的联结让位于正义的需
147 要。信仰的团结避让开权柄的优越性。归属于这个共同体之中就注定被当权者毁灭。所有现存的制度都被终结、清洗，顺从于那个强行闯进当下的未来的正义和友谊的审判。耶稣提供给自己追随者的生活方式并非一种社会整合而是关于祭司与政治机构的丑闻。它关乎的是无家可归者、失去财产、漫游、禁欲、社会边缘、轻视亲人、反对物质占有、流浪者和贱民之友、暗藏于体系中的刺以及权势富贵的灾祸的问题。确实，皮埃尔·贝尔指出这个事实来作为对宗教信仰的政治必要性的反驳。他评论说，基督精神不是公民秩序的基础，因为耶稣宣称他来此就是为了将社会倾覆至混乱。[1]

涂尔干并不认为宗教与科学是相互等量的。事实上在他看来后者源出于前者，即理性的根源在于宗教信仰。就这个意义而言，启蒙运动对迷信的批判实质上是一种俄狄浦斯式的（Oedipal）对抗，作为后代的理性主义者极力否定自己敬神的先祖。正如俄狄浦斯式的儿童否认肮脏的亲子关系而相信自我生育，启蒙运动者的理性也倾向于将自己想象成从自身腰部诞育而来，因此强行将历史归结为是自己所创。然而，作为同时代的现象，理性和宗教信仰却占据着不同的领域。

---

[1] 参阅 Jonathan I. Israel, *Enlightenment Contested: Philosophy, Modernity, and the Emancipation of Man 1670–1752* (Oxford, 2006), p. 678。

宗教对涂尔干来说并不是理性事务。在这一点上他是个世俗的信仰者。它是关乎人类需要以及欲望的问题，并且与他们相联系的崇拜实践，和尼采式的神话而非实验室的话语有着更多的共同之处。

宗教的职责，正如维多利亚时代的艺术，是为了启迪男 148
女，使他们超越自身有瑕疵的境遇并且使他们有能力获得更为出色的成就。在这方面，信仰和美国梦有更多的共通之处，而非某种罪恶感或者对正义的渴望。正如涂尔干所言，它是“温暖、生命、热忱和所有精神活动的欣喜，是个体超越自我的途径”[1]。浪漫的情感也相应地被利用来达成共同目标。某些启蒙思想家和维多利亚时代思想家的梦想——科学最终将取代宗教——被揭示出其无根基性。确实，在涂尔干眼中这是一种分类上的错误。宗教根本不是会和科学观点产生冲突的关于世界的理论论断。作为一系列社会实践，它以理性单独所不能的方式推进着我们的行动。从科学角度看，宗教学说或许相当虚假，但是这几乎无关紧要。宣布科迪莉亚的死亡并不会使我们动容，因为我们或许从不认识这样一位女士。路德维希·维特根斯坦对宗教信仰持类似观点。相反的情况——宗教是一系列错误的命题或者是各种伪科学——在我们自己的时代借由诸如理查德·道金斯这样过时的 19 世纪理性主义者获得了长足的发展，道氏在未理解那些宗教信仰所

[1] Durkheim, *Elementary Forms of the Religious Life*, p. 320.

属现象的情况下就弃置了宗教信仰。[1]

马克思主义哲学家路易·阿尔都塞，本是一位虔诚的罗马天主教徒，以不同的方式继承了这一观点。[2] 他认为意识形态是嵌入一系列社会实践中的主观性形式，而非一系列命题。作为男女在其中实践他们与政治社会关系的模式，它并
149 未提供与理论性知识相匹敌的东西，理论性知识在阿尔都塞看来是缺乏主体的实践。然而理论清醒地意识到社会和人类主体缺乏全然的关联，意识形态则赋予两者某种程度上的凝聚，足够让男女于世界之中进行有目的的活动。简单讲，意识形态的作用对阿尔都塞来说就类似于某些更为早期的思想家所谓的神话的作用一样。它是符号化表演、对现实的定位、存在主义的媒介、组成我们日常体验的模式。就其本身而言，它并不比祝贺或者诅咒更易于被辨别真伪。乔治·索雷尔在其《论暴力》中也使用了同样的实用主义方式对待神话。神话和意识形态都是启发式的虚构。就像不可缺少的阿波罗式的幻觉，它们从狄俄尼索斯式的现实混乱中开创出足够的感知来为我们供应某种程度上的目的性和同一性。

阿尔都塞对理论及意识形态的反思因此描述了到目前为止我们一直在探求的那个问题的迟来的版本。理性怎么转译

---

[1] 参阅 Richard Dawkins, *The God Delusion* (London, 2006)。

[2] 参阅 Louis Althusser, *For Marx* (London, 1969) and ‘Ideology and Ideological State A-pparatuses’，见 Louis Althusser, *Lenin and Philosophy* (London, 1971)。

成为生活体验？哲学通过什么装置能够在民众的欲望和情感之中驻扎？理性为了触及大众就必须屈服在神话和图像的领域之内，但如此一来又怎样使其不致毁灭？阿尔都塞的解决方案就是意识形态，他将其看作历史唯物主义的科学转换成为政治行动的媒介。意识形态，从这一术语非贬义的层面而言，在理论和实践之间提供了至为重要的关联。对某些更为早期的哲学家来说，与之类似的调和是在神话或者审美中发现的。

作为天然的两栖生物，在阿尔都塞看来我们能够同时生活在科学和意识形态的分裂世界中。写一篇关于君主政体的唯物主义论文是科学问题，然而某人在电脑前抬起头因为看 150
到了电视上的君主而颤栗就是意识形态问题。两个领域之间的区别并不是对启蒙运动双重真理学说的再利用。它并非意味着中产阶级哲学家享受着纯净的理论空气而将民众丢弃在意识形态的泥沼中沉沦。首先，意识形态在阿尔都塞的词典中绝非本质是贬义的术语。反种族主义游行是社会实践和生存体验的问题，也因此在阿尔都塞的语汇中就和玩弄纳粹分子的十字标记（swastika）一样是意识形态问题。其次，每一个人，知识分子和大众都一样，总是持续不断地从其中一个领域穿越到其他领域之中。

此外，一个水管工就没有理由不能成为理论家、哲学家或者思想家。这其中关涉到的区别是认识论的而非社会学的。理性，或者理论，不需要被限制在小集团之内，神话或者意识形态也绝非大众的垄断。阿尔都塞的左派理性主义没能认识到理论本身就产生于生活体验——至少在这个层面上，两个世界并非完全不同的。理性的根基在于人的身体。我们能够更加容易地看到理论是如何被日常存在所清楚说明的，如果我们承认后者毕竟就是前者的诞育之地。不论如何，不存在什么关于理念如何在实践中被实现的特殊的哲学难题。它每天都在发生。如果确实有问题，也是阿尔都塞自己制造的，他自开始就将理论定位在与行动和体验相冲突的路径。恰恰就和某些启蒙运动哲学家一模一样。

第五章　上帝之死 151

对某些启蒙运动学者而言，宗教是个错误，即便有时候它的确卓有成效；对浪漫主义来说，从它的神秘主义外壳中可以提取出一些意义深远的真理；对马克思、尼采和弗洛伊德来说，它是需要进行警惕解读的综合症。或许决定性突破是随着尼采而到来的。他强硬地宣称要做第一个真正的无神论者。当然在他之前已经有许多无信仰者，但尼采是第一个直面上帝之死骇人的、令人激动的结果的人。只要上帝的位置被理性、艺术、文化、精神（*Geist*）、想象、民族、人类、国家、人民、社会、道德或者其他什么似是而非的代理人所填补，那个至高的存在就不会真正死亡。他或许病得有些严重，但他已经将自己的事务委托给了一个又一个使者。这些使者的部分任务就是使男男女女相信没有必要惊慌，那项事业将会如常进行。虽然所有者缺席了，但代理者有能力圆满地处理所有的质询。当人替代了神的职能，我们就进入了一种关

于人（Man）的怪异的处境，惊慌失措于自己的弑神行为，利
152 用手边最切近之物，即人类自身来填补那个被制造出来的缺口。人是一种恋物癖，填补着自身这个可怕的深渊。他是自己所否定的上帝的真实形象，以至于只有他自己从这个地球上消失才能彻底将神埋葬。胆怯、偶像崇拜的人只有那时才会超越自己从而成为那个未来的化身，即超人。只有在人另一面的某处才能诞育真正的人类。

尼采本人将第一位无神论者的荣誉送给了阿图尔·叔本华。虽然吸引了这个最为忧郁的哲学家的唯一宗教形式的确是无神论的（佛教），某种意义上他那个声名糟糕的意志（Will）却是对神的可怕戏仿，因此保留了隐秘的神学色彩。像上帝一样，这个有害的强力（power）是所有现象的本质；同样像上帝一样，它们与人类比它们与自身更亲密。在后一种情况中，它是弗洛伊德潜意识的先驱者，同时还是奥古斯丁和阿奎那的神性的怀有恶意的版本。叔本华的《作为意志和表象的世界》对传统的上帝观施加了恶意扭曲，即这种构筑了我的存在的精髓的强力，能够比我感知任何其他事物更为直接地从我身体内部感知到，就像搅动波浪的力量那样茫然地无知觉和匿名。人类内心确实存在某种超验，但是这种超验始终与人类格格不入。主体性是我们最无法自我言说的。说出来的意识都是虚假的意识。我们在自身存在的核心之处承载着无意义的重负，仿佛永远孕育着一头怪兽。似乎叔本华那可怕的世界观在嘲笑上帝的理念的同时还在讥讽那些想象着能不借助上帝的理念

就取得进展的后形而上学进步主义者。

叔本华在人类存在中发现的无意义恰好在浪漫主义者和 153
感伤主义者最为珍视之处显现了自身——即在我们的直觉和感情之中，在欲望的搅动和精神的运动之中。欲望不再是个积极的能力。对弗洛伊德，这个如路德维希·维特根斯坦一样受到叔本华极大影响的人而言，它已经不能再被看作明确地拥护人类解放的了。我们已经看到追求唯心主义思想的人们在绝对（Absolute）中达成了完满，而浪漫主义者，虽然多少对这个目标有更深的怀疑，还是在追求它的过程中看到了价值。相形之下，对叔本华来说，欲望是病态的。在他看来那个被无可挽回地破坏的正是整个主体性范畴自身，就像那些描写革命热烈余波的热情幻想沉寂于作为一个庞大市场的人类观。对这个强烈的悲观主义者而言，“饱受折磨和痛苦挣扎的生命（beings）的战场，（以）持续不断的抗争，所有人反对所有人（*bellum omnium*），一切猎杀，一切也被猎杀……持续困苦的生物在这个世界延续的方式仅仅是通过吞噬另一个，在焦灼与欲求中传承着他们的存在，经常要忍受可怕的折磨，直到他们最终跌入死亡的怀抱”[1]，这样的世界并无远大目的可言。

在形式上，叔本华的意志和黑格尔的理念以及浪漫主义

---

[1] Arthur Schopenhauer, *The World as Will and Representation* (New York, 1969), vol. 2, pp. 581, 349. 一位同为悲观主义者的德国人对这位思想家的评价异常积极，参阅 Max Horkheimer, *Critique of Instrumental Reason* (New York, 1974), Ch. 4。

的生命力承担着同样的作用。但是它却完全没有它们的价值，并且它也没有朝着一个良性的目标去发展。事实上，它根本没有任何发展。它不过是上升到了形而上学高度的普通资产阶级粗野的贪婪。如果真的有上帝，那么他也是邪恶的，而人们最不想做的事就是向这个无缘无故进行报复的存在祷告。
154 他的创造完全是无价值的。它表述的就是被称作人类的自负的利己主义者最好不要存在这么一个浅白的常识。设想人类事业的成就可能远大于其所带来的痛苦，这在叔本华看来是完全疯狂的。这些自我蒙骗的可怜人虔诚地相信自己至高的价值，为了某些无价值的、将会很快让他们大失所望的奖励而将自己的时间用于对他者的掠夺。正如塞缪尔·贝克特的精疲力竭的人物一样，他们甚至没有能力上升到悲剧的高贵。

叔本华依然是一个完全的形而上学分子，是他深深嫉恨的黑格尔的黑暗版本，同时还是某种宗教异端分子。他阴冷的世界或许丧失了意义，但是某种程度上意志的理念赋予了无意义一个具体的完整形态。你目力所及之处都可发现目的和价值的缺乏。值得注意的是彻底的无意义究竟是如何显得在形式上连贯的。此外，虽然意志既没有目标也没有意义，它还是足够成为像上帝一样对世界有说服力的解释。唯心主义思想的整体形式被保存了下来，但是它们的内容现在是疲弱和贬值的。能够超越这种绝望处境的不再是政治行动、宗教信仰或者创造性想象。它仅仅通过美学沉思，以一种纯粹的、忘我地同情我们同道的牺牲者的形式，使得我们能看到事物的核心并且能够从自我的专横想象与意志的残酷之手中获得暂时的解脱。作为上帝之死的后果，只有欲望的死亡才能拯救我们。艺术的职责是消灭欲望而不是重新教育欲望。如果它曾一度提出对共同救赎的许诺，那么现在它就是某种精神上的自我灭绝。 155
自我不再被发现而是被消灭，就像在夜莺面前的济慈那样，审美是那个它被允许心醉神迷地溶解之地。

尼采主张的是如果你能够摆脱固有意义那么你就能够摆脱上帝。神能在悲剧中存活，却不能在荒谬中求生。一旦事物显现了某些内在意义，我们就总能探究其来源。废除给定的意义包括摧毁深奥的理念，也就反过来意味着根除像上帝那样于此避难之存在。和之后的王尔德一样，尼采试图用表面的深度来替代他眼中的空洞的深奥。马克斯·韦伯在自己的文章《学术作为一种志业》中评论说每一种神学都假定这个世界是有意义的，只有少数有勇气的才承认它其实没有意义。他眼中真正的超人是社会科学家，这些人直面世界的空洞并且不依靠宗教抚慰来生存。对那些无法承担这个残酷真相的人，韦伯评论道："古老教会的门总是宽容而慈悲地敞开着。"[1] 它是双重真理理论的现代版本：普通公民被允许生活在有益的幻想之中，然而知识分子要不妥协地关注着那个空虚。可以补充的是在韦伯看来生命无意义的象征就是死亡，而这恰恰

[1] Max Weber, 'Science as a Vocation'，见 H.H. Gerth and C. Wright Mills (eds), *From Max Weber: Essays in Sociology* (New York, 1946), p. 155。

是基督教被赋予最高意义之处。政治哲学家列奥·施特劳斯，美国新保守主义之父，将韦伯的案例推进到了一种马基雅维利式的极端情况。政治统治者必须以普通大众的利益为由对民众进行欺骗，不让他们知道那个颠覆性的真相即他们赖以生存的道德价值并没有什么无可怀疑的基础。[1] 他们必须将这
156 种基础的缺乏从民众轻信的注视下隐藏起来，为其覆上面纱，就像掩藏某些无法言说的龌龊之物一样。

尼采认为文明就处在那个摒弃神性但同时仍执着于宗教价值观的进程中，而这一恶劣的欺骗行为决不能不受质疑。你无法在把地基一脚踢开的同时还期待建筑物仍然矗立。尼采在《快乐的科学》中辩称，上帝之死是人类历史上最为重大的事件，然而男男女女却表现得好像它只是小小的重新调整。宣布放弃那个你可以废除上帝而无需终结人类（Man）的安慰性幻想的时代已然来临。正如吉尔·德勒兹在《差异与重复》中评论的："只要自我被保留，上帝就会被保留。"[2] 在尼采眼中，所有这些本质都包含着某些天意安排或者形而上学基础的迹象。除非这些也被根除了，否则世间男女将会继续在神的阴影之下失去活力。

在形形色色的维持上帝生存的人造呼吸机中，最为有效

---

[1] 关于施特劳斯的思想参阅*Natural Right and History* (Chicago, 1953) 以及 *What is Political Philosophy? and Other Studies* (Glencoe, Ill., 1959)。

[2] Gilles Deleuze, *Difference and Repetition* (London and New York, 1994), p.58.

的就是道德。费尔巴哈焦急地坚称："不能因为上帝的存在是幻想（chimaera），就认为善良、正义和智慧都是幻想。"[1]或许并非如此；但是在尼采看来它也不意味着我们可以免除神圣的权威，继续照常进行我们的道德事务。我们对真理、美德、身份认同以及自主的概念，我们固定化且连贯性的历史感，全都有着深层次的神学根基。设想它们能够从这些基础中分离出来并且还保持完整性根本就是没有意义的。比如，道德因而必须要么从最基础之处重新思考自身，要么长期在欺瞒中生存，借助它明知是伪造的原始资料。紧随着上帝之死，
有一些人继续坚称道德有关于责任、良心和义务，但是这些 157
人现在发现他们自己困惑于这些信仰的来源。这并非基督教的难题——不仅是因为它信赖这样一个来源，而且因为它自起初就不相信道德本质上有关于责任、良心或者义务。

尼采轻蔑地谈及从伏尔泰到孔德这些法国自由思想家都试图以对利他主义与博爱的怯懦的膜拜来将基督教"离基督化（out-Christian）"，对他而言这些德行就和怜悯、同情、慈悲以及诸如此类的人道主义空话一样使人反感。[2]他在这些价值观之中只发现了巧妙地伪装成强力的虚弱。这些同时还是否认上帝消失的方法。上帝的确死了而暗杀者正是我们，然而我们真正的罪孽与其说是弑神不如说是伪善。在以最为惊

---

[1] Ludwig Feuerbach, *The Essence of Christianity* (New York, 1989), p.21.

[2] 参阅 Friedrich Nietzsche, *Daybreak* (Cambridge, 1982), p.83。

人的俄狄浦斯式反抗谋杀了创世者之后，我们藏匿了尸体，压抑了所有关于这个创伤事件的回忆，整理了犯罪现场，并且就像《惊魂记》里的诺曼·贝茨一样，表现得好像我们无辜于这个罪行。我们还用形形色色谦卑形式的伪宗教来掩盖我们的弑神行为，就好像在对我们的无心之失作出补偿。现代世俗社会，换言之，已经将上帝有效地处理掉了，但是发现上帝在道德上和政治上可以提供方便，因此——甚至必须——表现得好像他们没有抛弃它。他们实际上不相信他，但是对他们而言想象着自己还信神仍然有其必要性。上帝是如此重要的一种意识形态以至于不能被轻易抹除，虽然他们自己亵渎的行动致使上帝变得越来越不可信。在这些文明所做之事和他们宣称自己所做之事中间有着述行矛盾。去查看体现在他们行为中的信仰而不是他们虔诚地宣称自己所信奉的信仰，就会发现他们已经完全不再信仰上帝了，但是似乎
158 这个事实尚未被他们所注意。而尼采自我任命的职责之一恰恰就是让他们注意到这点。

如果说上帝真的已经被压抑的道德所排挤掉了，在某种意义上中产阶级无神论者仍然相信神性，此外还相信一个邪恶的上帝。在这个层面上，双重真理理论就需要做出调整。“私下讲，我本人恰巧是不信的，但是大众应该选择相信才是谨慎的做法”被重写成了“我承认信仰是没有意义的，但是即便如此我仍然不由自主地去相信”。像一个不安的幽灵，由于没有意识到自己已死而能够继续存活，这就是宗教的处境。

或者，像斯拉沃热·齐泽克所说，我们知道上帝死了，但是他自己知道吗？[1]然而如果上帝真的失效了，这可绝对称不上是个好消息。如果他死了，就像拉康反对陀思妥耶夫斯基而断言的那样，没有事情能够被允许，因为首先没有人可以给予许可了。我们现在除了自己已经再没有谁可以为我们承担责任的重担了，然而有一个签过字并且被认可的保证书以便我们如此行事是对负罪感极大的缓和。我们或许期待，我们道德上的紧张感能够在上帝的死亡之后有所增强，正如焦虑和自我欺骗加紧了对人类的控制。[2]

尼采的抗争，如安德鲁·维尼克注意到的，并非如他自己所说的那样是狄俄尼索斯与十字架的对抗，而是与基督教“被照亮的来世”的对抗，这也是我们在本研究中所探寻的寓言。如布鲁斯·罗宾斯所指出，“上帝实际上已经隐匿起来而现在只能通过形形色色的世俗现象来显现，从道德和自然到历史、人类甚至语法。”[3]对尼采来说，这些似是而非形式的宗教仅仅是掩饰我们弑神的方法，必须用真正的尸体将它们清除掉。对于强劲的心灵来说不需要这样的麻醉剂。超人或者后人类动物就能够将自己从诸如自然、理性、人以及道德这 159

[1] 参阅 Slavoj Žižek and Boris Gunjević, *God in Pain* (London, 2012), 前言。

[2] Andrew Wernick, *Auguste Comte and the Religion of Humanity* (Cambridge 2001), p. 83.

[3] Bruce Robbins, ‘Enchantment? No, Thank You!’, 见 George Levine (ed.), *The Joy of Secularism* (Princeton and Oxford, 2011), p. 91。

些虚假的宗教形式中解放出来。只有这个无畏的生物才能凝视现实的深渊并且在上帝的死亡中发现一个新的人类物种的诞生。和基督教信仰一样，我们只能从对自己的双手浸泡在神的血液中的忏悔开始。人（Man），因为他是基于神的统一与无限而被塑造的，因此也必须被拆解。他是如此彻底地被对其创造者的依赖而定义以至于两者必定共同堕落。为神举办的葬礼必然也要附带着对人类的葬礼。上帝的死就预示着人的死，这里的人是指那种现阶段以人为名的怯懦的、藏匿罪恶的、依赖性的生物。将取代他的是超人。由于他凌驾于自然的权威以及高贵的自我依赖，超人身上多了一丝神的意味，意即，讽刺的是，上帝终究没有死去。将会取代他的仍旧是他的一种形象。

上帝之死包含着人类之死，随之而来的是一个新人类的诞生，这是正统基督教的信条，而这个事实似乎是尼采没有意识到的。道成肉身就是上帝和人承受某种神性放弃（kenosis）或者自我贬抑之处，它被基督的自我驱逐所象征。只有通过这一悲剧的自我倒空（self-emptying），新的人类才有希望出现。由于与被驱逐者和受折磨者休戚与共，被钉在十字架上是对所有傲慢的人道主义的批判。只有通过对减损和失败的承认，强力的真正意义才能被转化为复活的奇迹。上帝的死是偶像破除者耶稣的生，他粉碎了对易怒的独裁者耶和华的偶像崇拜并且以自身脆弱的血肉之躯来取而代之。

160 上帝的缺席或许会被人的恋物癖掩盖，但是那个被丢弃的上帝似乎首先就是一种恋物癖。[1] 和威廉·布莱克的乌里森（Urizen）或者诺伯达蒂（Nobodaddy）一样，他是把人类对责罚的渴望与这个不可容忍的真相相隔离的便捷途径，真相即是基督教的上帝是朋友、爱人和同样的被告，而不是法官、家长和超我。他是辩方律师而不是检方。此外，他表面上的缺席也是其意义的一部分。迷信者能看到神迹，但是圣父真正的神迹则显现在那个被钉上十字架的身体中。对基督教信仰来说，上帝的死并不意味着他的消失。相反，这正是他完全彻底显现之处。耶稣并不是替代上帝的人。他是上帝化身为具有弱点的无用的人的神迹。只有通过充分的体验现实，体会一个人的死亡以至终极，超越悲剧的道路才会出现。这并非一个完美契合于人道教的宣言。

某种意义上马克思也认为上帝的死包含着人类的终结。上帝是一个自我异化的人类产物，只有当这种境况被修复之时才会幻灭。就“人”被用来代表那个资产阶级人道主义的伪造的统一主体而言，马克思和尼采一样乐见这个自大的生物即将到来的灭亡。然而在另一层面上，马克思仍然是一个我们熟悉的浪漫人文主义者，也就意味着他的无神论遗留着某种不彻底性。现在正是人类，而不是它的神性缔造者，位

---

[1] 关于19世纪文学作品中上帝之死主题的经典研究，参阅 J. Hillis Miller, *The Disappearance of God* (Cambridge, Mass., 1963)。Miller 的研究，受日内瓦学派现象学影响颇深，是我们研究这一时期文学作品最为出色、最有原创性的著作之一。

于所有存在（being）的来源。他写道人曾一度处于历史现实的根基之处，而尼采就是试图挖掘出这个根基并将其弃置。生产力作为神的替代物比起权力意志（Will to Power）或者超
161 人来说看上去可信性的确要低。即便如此，我们还是能够看到马克思的思想，特别是在其早期形式上，深受犹太－基督思想的影响。而真正的无神论并不会在这里被发现。

马克思对未来的看法仍然抱有人类学意味，但是尼采却没有。大体上，涉及到人这个动物之时他依然是个本质主义者（essentialist），而尼采就不是这样。难以去想象后者谈论人类物种的自我实现。如我们所见，事实上马克思也时不时地就会屈服于费尔巴哈式的白日梦。在这些方面，尼采表现为一个更彻底的无信仰者。然而他的无神论也保有不彻底性。由于在他看来固有的意义必须屈服于那些人类所创造出来的意义，难以理解这又如何不会将承担这一职责的超人转换成一个微缩版的造物主（mini-Creator）。和神一样，他除了自身不依恃于任何他物。如果没有对神学的回顾，自治和自我实现便无从谈起。人只有在自我创造的时候才能移除上帝，因此摧毁自身的依赖性和偶然性；然而对他来说自我创造就是以另一种形式让神永存。尝试着毁灭宗教就是向其致敬。在被基督教神学视作天真的反对派那里，人类自主和对上帝的依赖只能是对立的。事实上超人这个文明程度极高的野兽是历史和谱系学产物，但是这也使他作为壮丽的自我塑造而获得生命。你无法像对待上帝那样站在未来的人（the Man of

Future）背后窥视是什么使他出现。谈到他眼中作为虚构物的自我，尼采是最为坚定的无神论者。那个自主的、自我决定的超人，相比之下，只是另一个伪造的神学。此外，虽然尼采认为人并非其他万事万物运行的基准，因而只是一个神的 162
代理者，但确实存在这样一个基准，也就是权力意志。决定性的突破终究没有随着尼采而到来。

对马克思来说，自我塑造的主体并不是我们无法再向下深挖的基础。相反，它是自然、劳动、权力、历史、文化、亲属关系等的产物。如果马克思的唯物主义是无神论的，也不是因为他以物质的名义否定了精神，而是因为他承认了生成世间男女的物质前提，并且在自由王国里也将如此呈现。对尼采来说在超人那里成功完成了的人的主权，因此被严格限定了。尤其是在这个意义上，人类于马克思而言并非自我决定的绝对（absolute），也不能攀爬上造物者那依然空置的王座。如果说马克思在某些方面比尼采宗教化，那么在其他方面则不然。

* * *

如果尼采肆意去宣扬无神论，那么原因首先在于他不关心文化的共同感，也因此对探寻其超自然原理的问题漠不关心。事实上，他对任何社会的凝聚形式都缺乏兴趣，这个理念是对他耀眼的个人主义的冒犯。克尔凯郭尔另一种不同的个人主义也包含同样的厌恶。文化和新教信仰是不稳定的伴侣。而认为两个个体可能有某些共通之处这样的理念对尼采那贵族式的自大而言绝对是一种冒犯，对克尔凯郭尔那激进
163 的新教情感而言同样如此。在精神的领域中不可能存在交换价值。“共同标准”这个短语对尼采而言是一个愚蠢的矛盾修辞。社会粘合意味着平庸、群体一致、贵族精神的毁灭以及大众的统治。他在《偶像的黄昏》中将传统美德仅仅视为社会拟态（mimicry），在《善与恶的彼岸》中嘲笑共同善的概念。他不只毫不关心为社会功利理由而维持宗教信仰，甚至将这样一个事业看作是自我矛盾的。无私的价值观怎么能够服务于自私的社会目的呢？社会秩序能够交由警察与政客来决定。这里，至少，是一个思想家对那个永远不会停止折磨中产阶级社会的两难困境的激烈解决方案，这个困境就是：政治秩序如何护卫利己主义又不会被其根除？

如果说尼采坚持对新神话的需求，主要原因也不会是为了社会稳定。而更应该是因为“没有神话，每个文明都会失去其创造力那健康而自然的力量”，正如他在《悲剧的诞生》[1]中所写。神话以具体的形象对抗着法律、道德和国家那苍白的抽象概念，也因此使得艺术再次繁荣。我们已经看到对某些更为早期的思想家来说，神话和审美作为理性的假体，进入到共同经验的核心。然而对《悲剧的诞生》中的尼采来说，

---

[1] Walter Kaufmann (ed.), *Basic Writings of Nietzsche* (New York, 1968), p. 135.

理性（或者真理）与审美是对立的。这对于一直以来认为艺术和真理不可分割的思想史来说是一个重大的突破。审美或者说日神精神是一种华丽的幻觉，为我们遮蔽了酒神精神那关乎人类生存的恐怖。它的职责是掩藏真相而不是体现它。悲剧艺术既是文化又是文化的否定，就像美和恐惧那样紧密地存在。后人类生物就是要敢于接受无意义的恐惧并在其中 164
找寻到取代造物主的机会，勇敢地将自己的生存掌握在自己手中，将自己和周围的世界打造成符合自己幻想的迷人形式。这就像在悲剧艺术中常见的从无用中提取出意义，从恐惧中提取出美以及从必要性中提取出自由。

在某种意义上，尼采通报了文化的终结以及上帝的死亡。如果自我是虚构的，客体仅仅是权力意志的副产品，共识是卑劣的，世界是不成形的和费解的，文明史就是对千奇百怪的意外的冗长陈述，道德是虐待狂式的自我暴力，现实是一系列不公正的解释以及真相就是美化生活的幻想，那么文化还怎么能存在呢？然而于另一个意义而言，文化在尼采的作品中维持着某种至高的重要性。确实，他在《权力意志》中特别使用这个词来表示超人的精神生活方式。作为共同生活形式的文化被抛弃以便作为个体自我实现的文化更加自由地蓬勃发展。作为共享生活方式的文化包含着每个内化了律令的个体，这在过去非常重要，但是现在必然让位于新物种了，这个新物种像审美制品一样自我立法。这个生物在不会向非自己所创造的权威屈服这一点上类似于康德或卢梭的公民；区别在于此生物只对自己独一无二存在的律法宣誓忠诚。正是这个璀璨的后人类样本的出现证实了我们称为道德的那个集体性自我折磨的编年史。

对超人的批判之一并非在于他是试图践踏穷苦百姓的原型纳粹（proto-Nazi）野兽，而是他对传统文化英雄（culture-
165 hero）根本没有任何值得珍视的发展，尤其是对尼采这样令人讶异的先锋派思想家来说。他与其说是近代的成吉思汗，不如说是一个虔诚、文雅、勉力自制的生物，精神力丰富并且举止宽容。事实上，歌德，几乎称不上是金发碧眼的条顿蛮人，却在《偶像的黄昏》中被赞美为超人。尽管对统一主体保持怀疑，尼采绝不会拒绝关乎自我实现的伦理。相反，他将其推向了共同文化的理念所几乎不可想象的地步。社会规范和集体风俗对他们本身而言是压抑性的，这个灾难性的误解将会直接变为后结构主义。作为艺术作品的自我与所有共同存在都是对立的。文化的两种主要意义现在互不相容。

尼采最为出色的成就之一就是将文化唯心主义去神秘化了。"'善的事物'的基础是多少鲜血和残忍啊！"他在《论道德的谱系》[1]中如此评论。这个主题同样还被现代另外两位伟大的去神秘化作者马克思以及弗洛伊德所共享。文化和道德是那个关于债务、折磨、复仇、责任以及剥削的残暴历史的果实——简单讲，是为了让人类适应文明社会而把他掏

[1] Ibid., p.498.

空和弱化的整个可怕过程的结果。诞育了所有珍贵理念的辛苦和冲突就是尼采所称的谱系学，与之相对的是文化唯心主义者那安慰性的进化论。他们所称的历史对尼采来说不过是“无意义以及偶发事件的可怕领域”[1]。这正是人类需要被矫正之处，而不是保证人类顺利进入更为丰富未来的通途。文明的每一次进步都必须付出顺从与自我折磨的代价。道德源出于暴力和自我压抑。它的本源就是某些人喜欢称作主体性的 166
那个罪恶、病态以及卑劣良心的精神空间。它再现了对精神的阉割，而那些眼光无法超越它的人（康德、英国人、各种宗教类型）都是可鄙的阉人。

和大多数先锋派一样，尼采是个热诚的健忘症患者。我们只能通过对过去灾难的有意遗忘才能开创未来。这里没有康德或者席勒的教化（*Bildung*）的观点，对人类实现自己集体力量的上升运动没有信心。虽然意义上有很大差别，但和马克思认为的一样，只有通过基础性破坏和重建我们才能修复自己的处境。他与马克思还存在着其他的类同关系。虽然他厌恶形而上学，在涉及人类行为中不太值得称道的方面时尼采仍然是个完全的神义论者，他认为所有这些都在未来作用于人类的兴旺。超验需要来自阴沟的洗礼，即使不是对个人，也是对整个物种的洗礼。道德律的时代或许是个灾难，

[1] *Beyond Good and Evil*, ibid., p.307.

但它也是超人到来前必不可少的序篇。[1] 同样，马克思对资本主义的看法也是可议的，即虽然其悲惨而无情，但对社会主义的到来而言仍是不可或缺的。[2]

尼采和马克思不同，他不是一名历史唯物主义者，但他是从属于自我风格的唯物主义者，揭发了那些将自身表现为高尚与永恒的事物那讨人嫌的根源。最为高尚的理念也根植于需求、焦虑、嫉妒、怨恨、竞争、侵略以及其他类似事物。他还从叔本华那里继承了一系列“庸俗”唯物主义，叔本华将人类历史看作一种动物学并且陶醉于某种粗糙的生理学简化论。叔本华的论述不外乎就在诸如咽喉、痉挛、抽搐、癫痫、破伤风
167 以及狂犬病的范畴中。对尼采以及马克思而言，文化是建立在物质的身体之上的。他在《快乐的科学》中自问是否哲学“并不仅仅是身体的解释以及对身体的误解”[3]，在《偶像的黄昏》中则假装严肃地以其特有的狂欢风格嘲讽地指出没有哪位哲学家怀着尊敬和感激的心情谈论过人类的鼻子。

* * *

科学的话语，不论是关于嗅觉的还是什么更为关键的，

---

[1] 关于这个尼采式的目的论，后现代对其作品的解读在很大程度上忽视了这一点，参阅 Terry Eagleton, *The Ideology of the Aesthetic* (Oxford, 2000), Ch. 9。

[2] 参阅 Terry Eagleton, *Why Marx Was Right* (New Haven and London, 2011), Ch.3。

[3] Friedrich Nietzsche, *The Gay Science* (New York, 1974), p.35.

都向文化发起了挑战。对达尔文来说，人类文化不过是过程自身的偶发性显现，其本身毫无意义。对他就如对尼采以及弗洛伊德一样，无意义位于意义的根基之处。如果说谢林曾试图将自然科学吸纳进自己的精神观点，像孔德和斯宾塞这样的思想家的目标则正相反。人类的意义和价值被置于那个同时还规定着软体动物进化和行星移动的法则的统治之下。对自然主义和实证主义来说，人类精神不再是不可简化的(irreducible)。存在着关于人类的科学之同时还存在着关于人类的解释学。其后，结构主义在质询文化的中心性时发挥了自己的作用，将所有这些生活形式仅仅视作宇宙精神那长久法则的变体。同时还有人将精神分析视作关于人类主体的科学。

随着 19 世纪的展开，文化的概念开始摆脱它的天真。
让·雅克·卢梭的作品中已经展现出的怀疑——即我们为文明
付出的代价过高，为了少数人而进行的教化对大多数而言意
味着痛苦——开始增强。在卢梭的观点中，艺术和科学大体 168
上已经成为道德堕落的代理者。没有虚荣、奢侈、懒散以及
堕落这些特性的文明是不存在的。弗里德里希·施莱格尔，同
其他一些浪漫主义者一样，责骂文化使我们与自然疏远了。
它为我们制造的欲望在源头就是被污染的。人类的渴望绝非
明确的善（good)。也不再可能怀着自由论者的浪漫情绪去假
设欲望只有在被某些外部力量阻挠时才会趋于病态了。我们
的力量趋向于恶化也并非仅仅由于它们的压抑、异化或者片
面性。相反，它们在源头就被某个特定的疾病所渗透。欲望

是堕落的、半病态的力量，它以自我撕裂的快感期待着自身灭亡的前景。之后的现代时期因此越过浪漫派自由主义者和理性主义哲学家而直接回望到前现代的原罪理念——一个在马克思那里没有出现的概念，但是弗洛伊德将会以自己后奥古斯丁式的习语重新使用之。

从自然向文化的堕落是幸运的，但它也向我们自身宣泄着某种残忍的暴力。在我们存在（being）的核心之处有某种缺陷或者健忘症，而没有它又会失去创造力。从尼采到阿多诺，文明的益处从未被否定过，但日益要求得到关注的是“充溢在文明基石之下的恐怖”[1]。在奥斯维辛的时代，那个曾一度表示人类纯化（refinement）最为复杂的形式的词——文化——与最无法言说的堕落也紧密相连。“（历史唯物主义者）在艺术和科学中无论调查什么，”瓦尔特·本雅明在某著名篇
169 章中如此评论，“都无法不带恐惧地注视它们。它的存在不仅仅归功于那些塑造了它的伟大天才的努力，或多或少还在于同时代的那些无名苦工的付出。没有哪一部文化档案同时不是一部野蛮的记录……（文化史）或许大大增加了堆积在人类身上的财富负担。但是它没给人类足够的力量去摆脱这些负担，以便把控它们。”[2] 齐奥尔格·西美尔也在这个文化战利

[1] Adorno 言，见其 *Prisms* (London, 1967), p. 260。

[2] Walter Benjamin, ‘Eduard Fuchs, Historian and Collector’，见 *One-Way Street and Other Writings* (London, 1979), pp. 359–61。

品中发现了某些沉重之物。文化在他看来是精神的客体化形式；但是在现代它压倒了主体性存在，呈现出属于它自身的对人类意志持冷漠态度的自主性逻辑。人类现在蹒跚在文化过剩之中，而不是因文化缺失而枯萎。[1]

本雅明对文化的矛盾评定完全是马克思主义的。在对所有原始主义的蔑视中，它赞颂文明的荣耀，但是在面对所有过分乐观的进步主义时它又强调这一成就从人类这里攫取的残酷的代价。马克思主义不是否定文化，而是重置文化。文化并未如它对后现代文化主义者而言的那样一路坠落。相反，它从本身非文化的物质力量中诞生——正如语言产生自本身没有重大含义的符号，或者弗洛伊德的意识起源于没有内在意义的力量。此外，文化对席勒和阿诺德来说是一致性的标准而对马克思来说就是对分裂的遮掩。文化，简而言之，可以明确肯定的是，太过接近于意识形态，同时也过于接近困苦劳役。它那个要成为权力的对立面的宣言不是不诚实的就是天真的。

马克思和尼采关于这个主题的分歧不在于高贵的是否源 170
出于卑贱的。在这一点上二者都是纯粹的唯物主义者。问题在于对事实的看法。从马克思主义观点来看，文明的成果能否证明在其创造过程中夹带的野蛮的合理性是一个开放式问

---

[1] 参阅 Georg Simmel, ‘The Concept and Tragedy of Culture’, David Frisby and Mike Featherstone (eds), *Simmel on Culture: Selected Writings* (London, 1997)。

题。一个马克思主义者或许会宣称（虽然他们中几乎没有人这么做）没有什么充裕的未来财富值得在阶级社会历程中让大多数人命中注定去付出辛劳。未来社会主义者的秩序要忍受多久，它需要多么精力旺盛地去发展，才能对那个噩梦般压在人脑海中的过去作出补偿？如果隧道的尽头是光明，那些死在轨道上或者在旁轨上失踪的人，那些没有得到某种政治救赎但是名字已经被从历史记载中抹去的人又该如何？

至于尼采，他毫不怀疑文明值得它所引发的每一分野蛮。在《悲剧的诞生》未收录的一篇文章中，他冷酷地证实着奴隶制在古希腊艺术起源中所起的作用，并且厚颜无耻地提出在现今时代“辛劳生活着的民众的苦难应该被进一步强化以便那些奥林匹克人生产一个艺术的世界”[1]。为至少一位奥林匹克阶级成员命名并非难事。文化是剥削的对立面，但它同时也使其合法化。在评判民众的苦难时，马克思主义意义上的文化这一术语是意识形态的；但是在尼采看来在它试图掩盖和否定这一意义上它是非意识形态的。最为重要的自由主义思想家之一，约翰·斯图尔特·穆勒，赞同尼采所谓古代世界的奴隶制由于能够产生政治的和知识的文化因而具有合理性的观点。

171　这种神义论和悲剧实际上是矛盾的。在尼采眼中苦难可

[1]　引述自 Andrew Bowie, *Aesthetics and Subjectivity: From Kant to Nietzsche* (Manchester and New York, 1990), p. 224。

以被肯定为文化生长的土壤，但同时也因为是人类兴旺所必须的部分而受到赞扬。生存本身是艰难的、残忍的以及肆意毁灭的，而超人就是一种色情的含混存在，同时是男子气概的和受虐狂的，因为通过压抑自己的激情所遭受的苦痛而愉悦。只有各种各样精神上的阉人才无法以悲剧式的欢乐的呼喊来接受这个勇者伦理。对尼采来说，基督教尤其如此，他们以一种可怕的兴趣在自己的悲痛里狂欢。

事实上，恰恰因为它将苦难视作不可接受的，基督教可被论证是比尼采自己的学说更为悲剧的信仰。基督教信仰为了救赎痛苦与绝望而转向直面二者的悲剧行动；但是只有当它们被洞察本质之时才有救赎可能，而不是被看作显示自己道德力量的令人羡慕的机会。《新约》中的耶稣从来没有一次劝告过病人去将他们自身与其所遭受的苦难和解。相反，他似乎将这些小毛病的来源看作是恶魔。在客西马尼，惊恐于自己即将到来的死亡前景，他祈祷能够从命运中解脱。已然为其准备好的命运或许是悲剧的，但并非英雄的，如果受难被认为是高贵的那么或许还有可能。相反，这样的政治处决的悲剧性不仅在于苦难本身没有价值，还因为它们在很大程度上明显是能够避免的。想想布莱希特对悲剧必然性学说的讽刺性修订："这个人所受的苦难着实吓到了我，因为它们本不必如此。"耶稣也不需要死，他不比其他任何政治犯更应该牺牲。不承认这一点就是给那个施加这种处罚的权力开脱。如果能够从苦难中提取出什么价值，那也是好的。但是如果某

172 人能够从更少的苦痛中获益那么自然是更可取的。尼采，相形之下，在对苦痛的回避中只能看到怯懦。对他而言，苦难本身自有其价值。他的悲剧观因此有使得苦难显现出了过多意义之嫌。西奥多·阿多诺恰恰因为这个理由而对悲剧产生了怀疑。对他而言这似乎给无意义强加了过多的意义，因此减损了它的恐怖性。[1] 这种形式的艺术有可能使其卑劣的内容变得比其实际情况更愉快更连贯。

* * *

如果马克思和尼采提醒了我们文化那过高的代价，弗洛伊德就是另一个认识到充溢在所有美好事物之下的鲜血和残酷的人。在他稍后期的著作中，他设想人性之中存在着一种被升华了的原始攻击性，和爱神（Eros）这位城邦建设者融合在一起并且被用来达成征服自然以从中获取文明的目的。[2] 潜伏在我们的暴力之中的死亡驱力因此被骗出了它的邪恶意图并且被暂时征用于社会秩序的建立。但是建立那个秩序，和在那个秩序下生存一样，包含着对满足感的放弃；这个任务被对于维系社会存在至关重要的超我、权威的来源、唯心主义

[1] 参阅 Theodor Adorno, *Noten zur Literatur* (Frankfurt am Main, 1974), p. 423。

[2] 特别参阅 Sigmund Freud, *Civilisation, Society and Religion* (Harmondsworth, 1985)。弗洛伊德此书最初的标题使用的术语是“文化”而非“文明”。另请参阅 Norman O. Brown, *Life Against Death* (London, 1968)。

和道德意识接手。我们越文明，就越要发誓放弃满足感；我们越是顺从地这样去做，那个恶意的超我就越有能力对我们释放它那傲慢的恐怖。此外，由于那个怯懦的、长期受虐的自我从被惩罚中获得了淫秽的欢愉，我们发现自己被律令和欲望之间病态的勾结所纠缠，天真的自由主义者温柔地想象着 173
这两者是相互对立的。像威廉·布莱克这样更为明智的自由主义者则不抱有这样的幻想。

因此感觉满足就会感觉羞愧，这种羞愧因我们在惩罚我们的权力中得到的快感而加深。我们越是成为可敬的唯心主义者，我们就越是在自身内部充溢着致命的自我厌弃的文化。此外，我们越是将自己欲望的能量（或者称性欲）向外转化去进行文明建设，我们就越是让这些能量枯竭，因而它们就更容易被它们的古老敌手，即自我毁灭的本能或者死亡驱力所捕食。在所有这些方面，文明进程中都有一些特殊的自我破坏性。如果死亡驱力潜伏在创造的迫切需求之内，那么产生文明的同样也可能毁灭它。我们对秩序特有的愤怒有着某种无政府主义的特征。

弗洛伊德认为，文化或者文明的事业向我们索取的可能比我们能够产出的要更多，尤其是因为那个迟钝又具有报复性的超我，不论我们是否服从，它都冷酷无情地传达着自己的法令。文化是令人厌恶地不稳定的。如果一个社会没能发展进步到超越那个小部分人的满足建立在大多数人的压抑之上的状态，弗洛伊德在《一种幻觉的未来》中写道，它“没有也不配有永远存在的前景”[1]。这个宣言的政治意义是激动人心的。这在 20 世纪变得益发明显，并且其后果就是我们接下来要转入的话题。

---

[1] Sigmund Freud, *The Future of an Illusion*， 见 Sigmund Freud, *Civilisation, Society and Religion* (Harmondsworth, 1985), p. 192。

第六章　现代主义及其后 174

随着宗教力量开始衰颓，它形形色色的职能像宝贵的遗产那样被那些渴望成为其继承者的重新分配了。科学理性主义继承了它教义的确定性，同时激进政治学承袭了它改造世界面貌的使命。美学层面上的文化守护其某种精神上的深度。确实，大多数美学理念（创造、灵感、一致、自律、象征、顿悟等等）确实是神学的置换性片段。那些实现了自身所指的符号被称作是美学的诗歌和神学的圣礼。同时，更为宽泛意义上的文化多多少少保持了宗教的社群气质。科学、哲学、文化和政治学，无需赘言，在宗教的倾颓中幸存下来，以自身力量开创事业。然而在它们自身的事业之外，它们往往还被要求承担起宗教的某些职能。

如宗教一样，高雅文化也承担着双重职责：对现代文明进行批判但同时是防止其衰落的避难所。在所谓文化批判（*Kulturkritik*）的世系之中，批评的对象是众多的：科学、商

业、理性主义、唯物主义、功利主义、平等、民主和大众文
175 化。“就德国的民主而言，”年轻的托马斯·曼写道，“我完全相信它会实现：这恰恰就是使我悲观的原因。”[1] 这种激进－保守的（radical-conservative）传统继承自席勒、柯勒律治、卡莱尔、克尔凯郭尔和亚力克斯·德·托克维尔直到尼采、卡尔·曼海姆、朱利安·班达、奥尔特加·伊·加塞特、早期的乔治·卢卡奇、早期托马斯·曼、马丁·海德格尔、D. H. 劳伦斯、T. S. 艾略特、W. B. 叶芝、F. R. 利维斯和许多其他 20 世纪的杰出人物。在我们自己的时代，这个火炬传递到了乔治·斯坦纳手中，他或许是最后的文化批判家。这一情况随着路德维希·维特根斯坦加入到这些保守的文化悲观主义者阵营之中而更具信服力。[2]

还存在着左翼版本的案例，证据就在法兰克福学派的著作之中。它的信徒欣赏民主而不是大众文化；欣赏自由及平等而不是理性主义和科技。赫伯特·马尔库塞的作品体现出某些熟悉的文化批判主题，但同时也揭露了作为救赎性力量

---

[1] Thomas Mann, *Reflections of a Nonpolitical Man* (New York, 1983), p.364. 在历史脉络中对文化批判的审视，参阅 Fritz K. Ringer, *The Decline of the German Mandarins* (Cambridge, Mass., 1969)。

[2] 参阅 Neil Turnbull, ‘Wittgenstein’s *Leben* : Language, philosophy and the Authority of Everyday Life’， 见 Conor Cunningham and Peter M. Candler (eds), *Belief and Metaphysics* (London, 2007)。

的文化的幻象。[1] 在 1960 年代后期，这种文化批评的一种版本开始走上街头。几年之后，最后的革命先锋派：情境主义（Situationism），放弃了这个幽灵。就目前为止不再有更大规模的文化和政治的结合，其中纳粹主义做出了最为破坏性的示范。相反，在后现代主义时期，一个相当不同的被称作文化政治学（cultural politics）的事物逐渐走上前台。现代主义，宽泛地讲，已经转向了作为政治替代物的文化；相形之下，后现代主义者则推动着二者的合并。

用文化批判的官话来说，伦理学优先于政治学，悲观主义优先于进步主义，尊崇优先于启蒙，精英优先于大众，个人优先于国家，社区优先于社会并且精神优先于理性。对那 176
个坚称审美是政治之敌的早期托马斯·曼而言，所有这些都归结于德国人和法国人对抗的选择，其时正是两者忙于在第一次世界大战的战场上彼此杀戮的时刻。[2] 理智些讲，德法之间的冲突已经被视作文化和文明之间的冲突，这其中的区别在弗洛伊德看来毫无意义。[3] 他关于升华、压抑、攻击性等理论轻易地突破了这条界线。对他而言伦理学和政治学之间

---

[1] 关于后一种批评，参阅‘The Affirmative Character of Culture’，见 Herbert Marcuse, *Negations* (Harmondsworth, 1972)。马尔库塞关于文化堕落的经典研究见 *One-Dimensional Man* (1964)。

[2] 参阅 Mann, *Reflections of a Nonpolitical Man*, p. 364。

[3] 参阅 Sigmund Freud, *Civilisation, Society and Religion* (Harmondsworth, 1985), p. 184。

的分歧在厄洛斯（生存本能，Eros）与桑纳托斯（死亡本能，Thanatos）两败俱伤的冲突面前是相当微不足道的。正如弗朗西斯·马尔赫恩评价的，弗洛伊德展示了"'文化'与'文明'实质上的一致性，因此消解了'文化人'的基本原理"[1]。即便如此，虽然其人类观更接近霍布斯而非席勒，他本身依然是那个坚称社会是由被"懒惰而无知"的大众所包围的少部分勇敢、无私的灵魂构建起来的文化批判者。

鲜有保守的革命者比德国作家斯特凡·格奥尔格更具典范性。受柏拉图主义、前拉斐尔派、法国象征主义、唯美主义、中世纪精神和德国民族主义的共同启发，格奥尔格将对布尔什维克主义的恐惧与对工业资本主义已然摧毁所有传统纽带及价值观的认知结合在一起。他身边聚集的那些排他的艺术精英鄙视现实政治并且发自内心地对现代性的方方面面怀有敌意，尤其对民主。格奥尔格本人宣称需要一位先知，一位与他本人不易区分的新的德意志帝国的弥赛亚，这位先知将在他的祖国进
177 行种族纯化并且形成新的民族文化。他令人耳目一新地抛下假谦虚，在 1904 年慕尼黑庆典上装扮成但丁，身旁站着的是打扮成佛罗伦萨男侍者的年轻伙伴。某些纳粹分子接受格奥尔格作为文化的先驱，但其他人则因为他的堕落而对其不屑一顾。[2]

---

[1] Francis Mulhern, *Culture/Metaculture* (London, 2000), p. 28.

[2] 参阅 H.R. Klieneberger, *George, Rilke, Hofmannsthal and the Romantic Tradition* (Stuttgart, 1991), 以及 Jens Rieckmann (ed.), *A Companion to the Works of Stefan George* (Rochester, NY, 2005)。

从荷尔德林到斯坦纳，这一传统最为持久的主题之一就是悲剧的理念。为什么这个主题频频出现在现代欧洲思想之中，尤其是从格奥尔格·毕希纳到亨里克·易卜生的漫长过渡中，而此间杰出的艺术样本明显是贫乏的？正如西蒙·克里切利评价的，悲剧的哲学以“德国知识传统中那近乎可怕的执着”反复出现。[1] 其中一个原因，毋庸置疑，就是悲剧的理念充当了现代性的间接批判。它表现出了在单调的资本主义时代对贵族精神的追思，在唯物主义时代残存的超验。悲剧艺术关心的是神、英雄、战士、殉道者和贵族，而不是平庸的中产阶级市民。[2] 它所记载的体验绝大部分都被限定为精神上的精英所有。它处理的是神话、仪式、命运、愧疚、重罪、赎罪以及血祭而不是纺织厂和普选权。它所唤起的情感是恐惧、尊崇、敬畏和顺从这些类宗教的情绪。

悲剧是现代性所不能为的一切:贵族化的而非平等主义的，精神的而非科学的，绝对的而非偶然的，关乎命运而非自我决定的。完全不是中产阶级进步主义者那样彰显人的价值，悲剧艺术抑制人，通过强迫其穿过火焰来不断提醒其满身罪孽和必死的命运。然而如此一来也显露出其英雄人物超越芸
芸众生的坚定和胆识。没有什么通俗的社会理想能够在这种 178

[1] Simon Critchley, *Ethics, Politics, Subjectivity* (London, 1999), p. 219.

[2] 对这一保守悲剧概念的批评，参阅 Terry Eagleton, *Sweet Violence: The Idea of the Tragic* (Oxford, 2003), 特别见于 Ch. 3。

艺术所释放的破坏性力量下生存。然而那些力量得到了比任何政治乌托邦方案都更为珍贵的精神上的恢复力（resilience）。

以心灵脆弱的人道主义者的方式而言，苦难是不会消退的。悲剧的艺术嘲笑所有这般道德上的软弱。相反，痛苦要以战士和贵族的方式接受，作为对一个人勇气的最终考验。只有银行职员和商店老板才会一看到美杜莎的头颅或者臭名昭彰的复仇三女神就即刻逃避。然而，由于悲剧也是神义论的一种世俗化形式，这里的痛苦就并非毫无意义了。这个世界或许不像浅薄的启蒙运动者设想的那样有那么多的道德或者理性意义，但仍然可能从崩溃和挫败中提取出至高的价值。如此一来就能够保持希望而不必让进步论的辩护者占到便宜。狄奥尼索斯，艺术的保护神，就是在同一个人身上表现出的痛苦与狂喜，既是纵情淫秽的神也是欢愉和再生之神。

悲剧的世界是阴暗而神秘的，这种晦暗使得人类理性的极限得到急剧的缓和。理性在这里显露为最脆弱的能力，与环伺周围的恶魔的力量形成对照。然而这种对理性的怀疑并非是向虚无主义的转向，因为悲剧艺术同时还为我们提供了某种宇宙秩序。这个秩序必不可是太过可感与程式化的，因为这意味着对中产阶级理性主义的屈服；然而也不能太过晦涩以至于暗含着天国对所有人类努力的嘲讽。相反，我们必须坚持人类的价值同时也承认其脆弱性。必须在玩世不恭和必
179 胜信念之间找寻到一条出路。带着神秘和超验的荣光，悲剧是对启蒙运动浅薄的理性主义的申斥，同时它也是对其个人

主义的指责。人（Man）能够如自由行动者（free agent）那样决定自身的命运，这样幼稚的信念不可能存在。这种信仰不可能在命运不可阻挡的力量、悲剧行动的公共本性，或者其揭示出的人类命运那不可估测的连锁反应中存活。这种自由仅仅是对必然性的忽视。悲剧消解了两者之间的对立，既拒绝了偏差的主观主义又拒绝了可耻的决定论。自由和必然性这二者，谢林在《艺术哲学》中写道："在同时作为胜利者和被征服者的那种极致中立之中被显现出来。"[1] 使命运成为自己的选择就是混淆自愿与不可避免之间的差异。希望是存在的，却并非某些热情的乐观主义。

如果主人公对他或她的处境负全责，那么悲剧感将无可避免地被削弱。我们不会倾向于对那些明知其所为究竟为何意的弑父者或者献祭其女者浪费我们的同情。资产阶级对个人自由的狂热崇拜因此也必须被拒绝。然而这并不是说英雄人物仅仅是外在力量的傀儡，犹如机械唯物主义者眼中的人类一般。在自由意志和命定之间需要有一个不同的比例。选择接受必然性，主人公就显露出一种比市场之中能发现的任何东西都更珍贵的自由。没有什么行为比决定放弃自由更自由的了。做出这一选择，英雄人物就既顺从了律令又向自由表达了敬意。他也因此超越了所有庸俗的命定论；然而因为这是通过屈服而达成的超验，我们仍然能够意识到意志的局限。

---

[1] F.W.J. Schelling, *Philosophy of Art* (Minneapolis, 1989), p.251.

180 在赞美人类自由时，我们也承认谦恭和自我牺牲的美德。在此意义上，悲剧为政治和哲学难题提供了一个美学的解决方案。它教会我们如何化解自由和命定论之间的冲突，这个冲突一直折磨着现代思想。方式之一就是将不讨喜的命定论置换为天意或者神旨这种更为高贵的概念。在各个方面，悲剧迄今为止都在现代充当了另一种分裂的宗教，由于表现为形象而非概念因而更加令人印象深刻的宗教。拥有高贵精神的灵魂不会通过自我著书立论来回应启蒙资产阶级哲学家的理论。相反，他们得意洋洋地指向某种艺术形式，它无法被轻易言说但是能够被显现出来。

令人惊叹的是，艺术可以证明我们的救赎信念究竟有多强的适应能力。它是尼采自始至终的主题。这是能够在崇高的维多利亚时代共识的崩溃以及第一次世界大战的屠杀中幸存下来的希望。在布鲁姆斯伯里文化圈和《细绎》杂志（*Scrutiny*）中都能发现其不同版本，尽管它们在其他很多方面是死敌。艺术就是抵抗逐渐渗入的野蛮行为的堡垒。“诗歌，”I. A. 理查兹以令人震惊的轻信写道，“能够拯救我们；它是克服混乱的最为完美的可行途径。”[1] F. R. 利维斯提出利用伟大的文学作品中可找寻到的“宗教的玄奥思想和情感”来抵抗粗鲁的物质的社会。[2]“在人背弃了对上帝的信仰之后，”华莱士·史

---

[1] I.A. Richards, *Science and Poetry* (London, 1926), pp. 82–3.

[2] F.R. Leavis, *Two Cultures? The Significance of C.P. Snow* (London, 1962), p. 23.

蒂文斯评述，“诗歌就取而代之成为生命的救赎本质。”[1]“诗歌 / 超越音乐，必须取代 / 空虚的天国与赞美诗”，他在《弹蓝吉他的人》里如此写道。这种说法最早可追溯到马拉美，对其而言艺术最恰当的职责就是对宗教的继承。[2]经过那个为
神学服务的年代，美学现在努力取代它。高度现代主义（high 181
modernism）完全是神圣的，艺术作品在精神堕落的世界里提供了展示魅力的最后一个战场。后现代主义，因其臭名昭著的情感缺失，是后神圣的（post-numinous）。由于日常生活审美化发展到了破坏那个被称作艺术的特殊现象的程度，因此在某种意义上它也是后美学的。伸展得过于宽泛，审美的范畴将其自身取消掉了。

从普鲁斯特伟大小说中追忆的救赎性力量到乔伊斯的艺术家那教士般的天职，想象力作为一种恩宠的手段是现代主义不变的主题之一。亨利 · 詹姆斯在艺术中发现了一种圣洁的自我献祭。超验的神之显现（Epiphanies）经常出现在伍尔夫的小说和里尔克的诗歌中。一种基于死亡、献祭、重生的人类学成为最为知名的英国现代主义诗歌的基础。其中一位诗人其后将会在《文化的定义刍议》中辩称一个民族的文化想要兴旺就必须建立在宗教之上。然而，没多少现代主义艺术

---

[1] Wallace Stevens, *Opus Posthumous* (New York, 1977), p.158.

[2] 朗西埃在 *Mallarmé: La politique de la sirène* (Paris, 1996), p. 80. 讨论了这一主题。

家碰巧是虔诚的英国国教教徒，并且他们的倾向性策略相应的是文化替代宗教而不是依赖于宗教。上帝之死的阴影仍然笼罩着 20 世纪最为决然的世俗批评家之一，弗兰克·克默德，他在其《结尾的意义》中表示，神话，包括宗教的和政治的，都必须为自我意识的虚构让路。

上帝并未真正死去，他不过背向了人类，而人类现在只能在其不详的缺席中才能感受到他使人无法承受的在场。直
182 到 1990 年萨尔曼·拉什迪的赫伯特·里德纪念演讲，适度绝望的美学概念作为超验的一种世俗形式都是生气盎然的，而这个演讲则发表了一些高贵的自由主义陈词滥调，诸如艺术的职责如何向我们提供问题而非答案。但丁或者米开朗基罗怎么看待这个问题我们无从得见。拉什迪似乎也没有被这样一种思想所困扰，即如果艺术确实是超验的现代版本，那么这种恩宠的接受者的数量甚至比最为严格的加尔文教徒所设想的更少。[1]

随着现代主义的来临，两种主要意义上的文化，美学的和人类学的，日趋分裂。它们只有在想象的世界诸如劳伦斯的墨西哥、叶芝的盎格鲁－爱尔兰庄园、《细绎》派的有机社会、艾略特的阶层化基督教社会、美国新批评的审美的南方

---

[1] 参阅 Salman Rushdie, ‘Is Nothing Sacred?’，见 *Imaginary Homelands: Essays and Criticism 1981–1991* (London, 1991)。关于文学救赎能力的研究，参阅 Leo Bersani, *The Culture of Redemption* (Cambridge, Mass. and London, 1990)。

或者海德格尔对在农民中进行哲学探索的设想才能够汇聚。(阿多诺反驳道人们想要知道农民对此的意见。)作为艺术的文化和作为生活方式的文化之间的争辩其实就是小众文化和大众文化之争，自此开始二者将彼此视作不共戴天之敌。现代主义恰恰就是对文化工业的防御反应，但两者其实是一对双生儿。激进启蒙运动的梦想——一个既学术又流行的文化，足够机智来挑战统治力量同时又浅显易懂以便能将大众团结到自己的标准之下——现在看来似乎是注定结束了。激进浪漫主义试图将艺术、文化和政治联合在同一事业之中的希望也同样破灭了。这是一个讲求差别而非综合的时代。

* * *

从柯勒律治以降，文化和文明就被普遍视作仇敌而非盟 183
友。当然并非一直如此。在 18 世纪的英格兰，G. A. 波考克所称的商业人文主义的意识形态，就将两者置于紧密关系之中。[1] 事实上，它们正是被一起固定在了“文明”这个词中，表明其既有精神特性又有物质成就。正如这个理论所述，在个人之间进行的商业贸易使得他们既优雅又富足，打磨了他们锋利的边缘，磨平了他们的地方主义和棱角，并且培养了

[1] 参阅 G.A. Pocock, *Virtue, Commerce, and History* (Cambridge, 1985)。对此批判性的评论，参阅 Terry Eagleton, ‘Deconstruction and Human Rights’，见 Barbara Johnson (ed.), *Freedom and Interpretation* (London, 1993)。

能够使得商业通道没有阻力且高效运行的深厚的相互同情。自大而无礼的旧贵族秩序为贸易交往（*le doux commerce*）让出了道路。和平与文明利于贸易。礼节润滑了经济之轮。在亚当·弗格森的《文明社会史论》中，感情和社会关系齐头并进，作为贸易的延展和道德情感的扩散而相互促进。交易既可以在精神上也能够在经济上谋取利益，尤其是换位思考的行为更是一种移情式想象。亚当·斯密既是伦理学家又是经济学家并不意外。商人和感情丰富之人不再被视作相反的类型。

20 世纪将会见证另一种文化和文明的融合模式，这种模式和 18 世纪咖啡馆并无太大差异。工业和科技意义上的文明有可能被用来服务于艺术。无论如何，这是革命先锋派的梦想，对其而言艺术将会通过适应这个机械复制的时代而存活，
184 而不是通过力图固守在高度现代主义方式之中。新式的技术文化因此将被发明，现存的那些也被接管。未来主义者、建构主义者和超现实主义者的这场赌博，最终犹如与魔鬼共饮，用马克思的话来说，就是历史通过其糟糕之处而进步——利用现存制度的技术装置来达到革命性目标。你能够利用资本主义科技来颠覆其主体性形式。经济基础可以被用来倾覆上层建筑。

这个尝试失败了，被斯大林主义和纳粹主义碾得粉碎。不过几十年之后，随着后现代主义的出现，这两种文化观点最终得到了和解。自 1980 年代以来，艺术意义上的文化渐趋平民化、街头化和地方化，而作为生活方式的文化则彻头彻

尾地审美化了。对希腊文化研究者和浪漫主义者来说，后者意味着大众生活得到了创造性的实现；对后现代主义而言则没有那么乐观，它意味着一种依赖于形象的政治和经济。长久以来梦寐以求的艺术与日常生活的结合，对革命先锋派而言实现于政治壁画和宣传动员性质的剧院，当今取而代之出现在时尚与设计、传媒与公共关系、广告公司和录音室。文化向文化批判曾视之为其主要敌人的日常生活张开了怀抱。

然而，它在民主语汇中得到了什么，就在批判性语汇中失去了什么。文化批判，以其对日常习惯的骄傲蔑视，成为保守主义的精英化流派；后现代主义，以其对艺术与商业的融合，成为走平民路线的那个。如果说文化批判对普通事物的观点太过苛刻，那么后现代主义对它们则太过亲密。两者 185
都怀疑地注视着大众生活方式——文化批判是因为视之为沉闷的平庸，后现代主义则是因为它错误地认为舆论和大众生来愚昧，因此对边缘群体和小众群体有着意识形态上的偏爱。文化批判鄙视诸如国家、阶级、经济和政治组织等无聊问题；后现代主义，则着迷于边缘的、畸变的和越界的，对这些事物展现了空前绝后的热情。

后现代主义在很多方面就是尼采的后续，虽然这个尼采摒弃了类形而上学包袱——权力意志、超人以及人类如何从野蛮人达成道德上的辉煌这一类目的论的叙述。它同时还摒弃其悲剧观。如果说文化批判过多关注了悲剧，后现代只是对悲剧产生了小小的困惑。它是一个后悲剧的文化形式——

虽然这个后悲剧在意义上更接近于莫里西（Morrissey）是后莫扎特的而非阿兰·巴迪欧是后马克思主义者。另一方面，它也并非被拖进了悲剧，为了抽身而改变形象。在它眼中，现实的内在意义的缺乏并不是需要去面对的丑闻而是应该去接受的事实。现代主义在其对真理的狂热追求中，已然准备好面对黑暗、狄俄尼索斯的力量，甚至是全部消解的可能性。后现代主义则认为无此必要。它还太年轻因而无从回忆起旧时光中那些（所谓的）真理、一致性、总体性、客体性、普遍性、绝对价值、稳定认同以及坚实基础，因此在它们显而易见的缺席中也并没察觉到什么不安。在这个层面上它不同于自己的现代主义者先驱们，他们距离那个至今仍让他们在
186 其浪潮中眩晕的原初的大灾难太过接近。相形之下，对后现代主义来说，分裂是不存在的，因为一致性一直以来就是幻象；没有虚假的意识，因为不存在明确的真理；没有对基础的动摇，因为根本没有什么好动摇的。并非真理、认同和基础现在使人痛苦地难以捉摸，仅仅因为它们以前从未如此。它们从未销声匿迹，仅仅在身后留下一个幽灵。这里也并非幻肢综合症（phantom limb syndrome）。它们的缺失并不比蒙娜丽莎手里少个电吹风更明显。人们哀痛这些事物的缺失并不会比痛惜一只猪不会背诵《失乐园》这个事实更严重。正如理查德·罗蒂所说，去挠不痒的地方根本是没有意义的。

现代主义将上帝之死体验为一种创伤，一个公开侮辱，既是痛苦的来源还是庆祝的理由，而后现代主义则完全没有

这种体验。在其世界中心没有一个上帝形状的空洞，但在卡
夫卡、贝克特或者甚至菲利普·拉金的中心都存在。确实，它
的世界之中没有任何形式的缺口。这也是说后现代是后悲剧
的理由之一。悲剧意味着不可挽回之损失的可能性，但是对
后现代主义来说没有什么重要的东西可失去。只是我们在强
迫性地追求更高、更尊贵、更深的事物时，没有注意到这个
事实。无论如何，悲剧被认为需要一定的主体性深度，而这
就是为何在贝克特那里它似乎有点欠缺的原因之一。后现代
的主体难于在自身之中发现足够的深度和连续性以成为悲剧
式自我放逐的合适候选人。你无法放弃你从未拥有的自我。
如果说上帝不再存在，部分原因就在于他可以安置自身的任
何隐秘的内在空间都不在了。深度和内在性属于老迈过时的
形而上学，瓦解它们就是通过根除上帝藏匿自身之处来消灭 187
他。对精神分析而言，相比之下，人类主体是分散而不稳定
的，然而却又有其内在深度。事实上，这两个事实是紧密相
连的。它也因此成为悲剧意识的近代继承者之一，而后现代
并非如此。

悲剧总是与某种历史性感觉紧密相连。时间的线性意味着破坏性行为一旦出现就不可挽回。它们致命的余波能够远远超出起源，进而污染到未来。然而由于这种不可复原性对于建设性行为也是真实的，这个悲剧性僵局的媒介物同样也是潜在救赎的舞台。就像 T. S. 艾略特在《烧毁的诺顿》中所写的，只有通过时间才能征服时间。现代主义基于其自身对

线性时间的怀疑，在很大程度上对这个宣言是拒绝的。然而事实上非线性的时间同样适合于悲剧。无尽重复的时间就是地狱的图景，就像弗兰·奥布莱恩在《第三个警察》中对地狱诅咒（damnation）的引人发笑的漫画式描写那样。然而，这也不是后现代的空间化时间（spatialised time）的实例，在这个空间化的时间中万事万物都保证会带着轻微的变异而复归。重复是一个避免悲剧同时也产生悲剧的装置。这就是叶芝和乔伊斯根本上滑稽的世界观的真相，两人都相信时间的循环性。在宇宙的回旋与涡流之中，没有最终流逝的事物。

对浪漫主义而言，我们称之为历史的那个欲望展现了一种无限（infinity）。现代主义，相形之下，关注的与其说是无限不如说是永恒（eternity），是一个谜团，在当下的核心中找
188 到某种秘密的本质，或从沉闷的时间废墟中摘取顿悟的时刻。对后现代主义来说，历史在很大程度上被简化为商品化的文化遗产，是始终存在的继承性的保留节目以及对过去的“现在主义”（presentist）方法。已然发生之事的不可变更性必然引发那些认为现实必须具备无限延展性之人的反感。对于一个欢欣于无尽选择的文化来说，历史是过于粗暴的。这个不受欢迎的提醒告诫我们当下的自由受制于我们称为过去的那个不可挽回的宿命。

如果说后现代的文化是无深度的、反悲剧的、非线性的、反神圣的、非基础性的、反普遍主义的、质疑绝对以及反对内在性的，那么或许可以宣称其是真正后宗教的（post-

religious)，这正是现代主义很大程度上确实没有做到的。举例来说，大部分宗教思想都假设一个普遍的人性，因为如果一个上帝只关心与自己有关的某个特定物种，比如波斯尼亚人或者超过五英尺八英寸高的人，就没有表现出那个符合最高力量神明的不偏不倚的仁慈。为了言之成理，在我们自身和希伯来圣经中的亚伯拉罕之间必然也存在共通之处。然而后现代主义，众所周知地为普遍性所焦虑，虽然其宣称宏大叙事在地球上的每一个角落都不再存在，或者不管往哪里看，都再也找不到稳定的身份认同了。作为一个思想流派，它继承了尼采哲学无神论的绝大部分；但是由于其街头化(streetwise) 的风格，它拒绝超人的概念，也拒绝偷偷地用一个新的形式的神来代替旧的那个。它质疑普遍人性的整体概念，它批判大写的人也批判上帝，如此一来就拒绝了人文主义类宗教性质的慰藉。在这个意义上，尼采所言的“神明只 189
有在大写的人与其共眠之时才会安守在自己的墓穴之中”的告诫最终被严肃对待。

如我们所见，尼采本人从经典人文主义的废墟之中打捞出了一个积极人类主体的观点。超人在那个本身仅是不稳定和差异性的世界中留下了自己的烙印。他还以大致相同的方式将自己的欲望置于自身控制之下。在这个意义上，米歇尔·福柯《性经验史》中的自我塑造学说表达了一种真正尼采式的观点。然而总体来讲它是非典型的后结构主义和后现代主义。对它们而言，现实的不稳定对主体的渗透现在已经到了统一性消解以及其行动力遭到破坏的地步。与超人类似，后现代的主体是它自己手中的黏土，能够随自己的心意改变形态；但是也出于同样的原因其缺乏尼采的后人类物种使现实屈从于自己需要的那种不屈不挠的意志。它不是尼采或者王尔德意义上的将自身转变为艺术作品的那种审美，而是克尔凯郭尔意义上的缺乏全部统一性和原则的那种审美。

由于大写的人（Man）主要不再被看作行动者或者创造者，他也就不再处于被误认为至高存在的危险之中。他最终达到了成熟，只不过以放弃自己的身份（identity）为代价。他不再被视作自我决定的，而它在黑格尔和康德这类人看来那正是自由的含义。自我已经不再足够一致来达到这个状态。显然，后现代主义是后神学的一种方式，因为上帝正是唯一的，是自身存在的基础。于是如果你想颠覆他，就需要重塑主体性概念本身，这也正是后现代主义试图做的。这在资本
190 主义制度恰巧从作为生产者的主体转向作为消费者的主体的情况下更容易实现。消费者是被动的、弥散的、临时的主体，而这与传统的对神的描述方式相当不同。只要男女被看作生产者、劳动者、制造者或自我塑造者，上帝就永远不会真正死去。在所有生产行为背后都潜藏着创世的图像，其中一个特殊的生产行为——艺术——正是神明本身的竞争者。然而，即便是他也无法在作为永恒消费者的人类出现之时存活下来。

或许，20 世纪的最后几十年可以被看作神最终消亡的时代。随着后现代文化的出现，对神圣的乡愁最终被放逐。这

也不尽然就是因为没有什么需要救赎之物所以救赎本身也不存在。当然，宗教继续存活着，因为与后现代主义相比更多的是晚期现代文明。即便如此，在一长串拙劣的计划、有缺陷的策略和理论的困境之后，也不能就宣称随着后现代主义的到来，人类历史首次达到了真正的无神论。后现代思想的确为这个即将来临的时代付出了巨大的代价，如果这个时代确会到来。为摆脱宗教，它同样还弃置了许多其他重要论题，比如形而上学幻象。如果它发誓放弃宗教，如我们所见它也的确是这么做的，是以对深度的牺牲来实现的，这是它明显紧张不安的原因。它同样因此放弃了大量其他的价值。

事实上后现代主义保留了超验那怪异的痕迹，尤其是它对差异性多少有着拜物教式的狂热崇拜。然而虽然有着大量的差异性，却不再有大的他者，不再有宏大总体性或者超验的能指。此外，虽然其他文化可能与某人本有的文化不相容，但是对文 191
化本身来说却没有其他。文化就这样一路下去，就像上帝曾一度被认为的那样。它是一个不惹眼的基础主义的形式。文化就是你所不能回望或者深究之物，因为回望和深究本身就是文化的手段。它因此作为某种绝对那样运转，作为对阿诺德所言的更高层面上的文化那样运转。然而这是超验的（transcendental）文化而不是超常的（transcendent）文化——作为所有现象的可能性的条件，而不是凌驾于它们轨道上的神圣领域。

在某些后现代文化伪造的精神性中也有着超常的痕迹。这是人们在一个彻底的物质主义社会期待的一种外刚内柔的折价的宗教信仰。一种含义混乱的神秘是那些头脑冷静的社会所能希冀的唯一信仰，恰如明显的诙谐是唯一能让没有幽默感的人感觉舒适的喜剧。所以正是那些无法设想华尔街的终结的人完全地相信卡巴拉教（Kabbalah)。山达基教（Scientology)、包装过的苏菲主义（Sufism)、现成的神秘主义（occultism）和即用型的超验冥想在超级富豪中成为时髦的消遣，或者好莱坞将视线转到印度教，也没什么可惊奇的。强硬的不信任何事的人最终成为那种会相信任何事的幻想家。世俗的、富有的人将宗教视作宇宙和谐和秘传的崇拜，而非像头发蓬乱的波西米亚人那样的艺术家，乔伊斯曾说，那是受人尊敬的中产市民对他的看法。对那些试图从世俗之中逃离的人来说，接济饥民太过接近于填写自己的纳税申报表。精神性的核心就是迎合某人自造型师或者股票经纪人那里无法得到满足的需求。然而所有这些千
192 篇一律的空想都确实是一种无神论。它是在没有上帝的粗蛮妨碍的情况下得到升华感的方式。

安德鲁·维尼克指出后现代主义包含着上帝的第二次死亡，轮到组合于现代时期的各种神的代理者被拆卸了。例如，社会的理念，为涂尔干提供了一种超验的形式，但是让·鲍德里亚宣告了社会本身的终结。[1] 同样的还有文化的概念。如果阿诺德的文化恰恰是对上帝的去神话化，后现代主义则提出

---

[1] 参阅 Andrew Wernick, *Auguste Comte and the Religion of Humanity* (Cambridge, 2001), Ch. 8。关于社会的消解，参阅 Jean Baudrillard, *In the Shadow of the Silent Majorities* (New York, 1973)。

了对文化本身的去神话化。对现代主义来说，神的荣光让位给审美的灵光，而后现代主义的科技艺术又将后者驱逐。唯一苟延残喘的灵光就是商品或者名流，这些现象并非总是轻易被辨别出来。如果说浪漫主义试图用神秘莫测的、无限的、全能的主体来替代上帝，正如卡尔·施米特在《政治的浪漫派》中所讲的那样，而后现代主义，用佩里·安德森的话说，表现了“无主体的主观主义”[1]。如果上帝死了，曾一度梦想着替代神的位置的人（Man）本身，也同样大限将至。已经不剩下多少可供消失的了。

* * *

后现代思想之所以是审美的，原因之一就在于其对信仰
的怀疑。不仅仅是宗教信仰，而是信仰本身。它做出了“所
有热情的确信（conviction）自起初就是教条的”这样一个错
误的假设。从对哥布林的坚定信仰开始，就会以古拉格劳改
营（Gulag）作结。没有什么能比克尔凯郭尔在《致死的疾
病》中的声明更进一步了：“去信仰就是去存在。”[2] 尼采对确
信也有类似的厌恶，尤其是理论的那种。是热情而不是信仰 193
支配了最为高贵的心灵。抽象学说都是虚伪的均衡。就其本

[1] Perry Anderson, *In the Tracks of Historical Materialism* (London, 1983), p. 54.

[2] Søren Kierkegaard, *The Sickness Unto Death* (Harmondsworth, 1989), p.126.

身而言，它们是雅各宾主义、社会主义和基督教道德的思想等价物，是一种精神上的交换价值。在尼采看来，在康德对抽象物的爱以及他对被称作“可怕的闹剧”的法国大革命的支持中间存在联系。固定不变的学说意味着短暂的、临时的、唯一的和感觉上特殊之物的死亡。奥斯卡·王尔德，对他而言真理不过是他最近的心境，思想亦如是。相形之下，路德维希·维特根斯坦则不接受真理仅仅是意见性的，因为意见的媒介是语言，而真理在维特根斯坦眼中首先不是语言的。它更多的是实践的、物质的、制度的。

在尼采眼中，真正的崇高精神拒绝成为自身原则的囚徒。相反，他们以某种漫不经心的超然来看待自己最为珍视的意见，可以根据意志接纳和放弃。这就是和许多现代主义者一样感受到尼采影响的叶芝所称的潇洒不羁（*sprezzatura*）。在他看来只有银行职员和店铺老板适宜固守意见。一个人的信仰更像是其男仆，可以随喜好雇佣或解雇，而不是像身体器官那样。它们不会被以查尔斯·泰勒或者斯坦利·费什的方式当作个人身份的构成，而是可以随意穿脱的服装。很大程度上，就像苏格兰裙和领结一样，支配着穿还是脱的是审美考虑。左翼历史学家 A. J. P. 泰勒曾告知牛津教职评定委员会自己持有极端的政治观点，但持有的方式却是温和的。

194 在《快乐的科学》中，尼采嘲笑他所称的科学和理性主义“对确定性的渴求”，在这种对认识论上的确定的渴望背后可以轻易探查到深层的精神上的焦虑。在他看来，信仰强迫症是为那些过于胆小的人准备的，他们不敢生存于含混之中而不焦灼地去追求某些绝对安全真理。对宗教的渴望就是对权威的渴望，这个权威明确的“你必须（Thou Shalt）”将会解除我们道德和认知上的不安感。相比而言，自由的精神就是拥有无需“事事追求确定”的勇气，而仅仅是通过“纤细的绳索与可能性”来支撑它本身，即便如此还可以在悬崖边缘舞蹈。[1] 如果一个人相信自由，那么这也必须包含某种从这个信念中超脱的自由。而是否还应延伸到一个人应该超脱于前述的应该从自己的信仰中超脱的这一信仰，这个问题或许可以愉快地交给逻辑学家。

这个实例会随着后结构主义的出现而回归。在一个确定性的概念有着暴君或者技术统治论者意味的时代，一个确定的不可知论成为了美德。不确定性和不可判定性本身被视作善。尼采及其后现代追随者因此没能注意到那些需要对自己所处的境遇有一定程度的确定从而将自身从中解放的人。不是所有的确定性都是教条的，也不是所有的含混都和天使站在一边。文学家比起律师更不可能承认这个事实。确认某人陷入爱河，或者确认某人的手臂被长钉钉住，显然无关乎枯燥的教条或者专制的威吓。

确信显示出一种无法轻易和发达资本主义那不稳定的、

---

[1] 参阅 Friedrich Nietzsche, *The Joyful Wisdom* (Edinburgh and London, 1909), p. 287。

195 适应性的主体调和的自我一致性。此外，过多的学说不利于消费。它同时还是过时的，因为信仰并非将社会联合起来之物，就像联结起路德教派或童子军运动那样。鉴于其实用主义、功利主义的倾向，资本主义，尤其是在其后工业化时代，是一种本质上无宗教信仰的社会秩序。对其运行而言，过多的信仰既无必要也不值得。信仰是潜在有争议的事务，既无益于贸易也无益于政治稳定。对商业而言它们也是多余的。创立制度时所需的这些热诚的意识形态修辞随着制度的展开而消退。只要其公民投入工作、承担赋税并且不去袭警，他们可以相信随便什么他们乐意相信的。就好像意识形态不再需要通过人类意识。当被问到他是否有什么坚定信仰（convictions）之时，伦敦市长回答说自己曾因一次违规驾驶而获罪（conviction）。

自由主义国家历来有着一个基本的信念，即个人应该被允许相信他们愿意相信的，只要不危及他人这么做的权益，或者对这个信条本身产生威胁。另外，国家对自己国民的观点表现出某种建设性的中立。这种中立是经过大量激进的信仰才实现的。而在那些信仰依然扮演着决定性角色的地方——比如，北爱尔兰——显现出返祖现象或者准病理学。它们当然是特殊的。美国，经常将自己的意识形态以使人尴尬的张扬表现出来，是这一规则的例外状况。事实常常是资本主义需要那种在家里是信徒而在市场中就是不可知论者的公民。然而，由于制度已然成熟，它果断地倾向着后者。总

体而言，大规模的信仰只有在发生政治危机之时才会被推出 196
去。社会存在最好能简单地仅仅依靠其自身运作，而无需过多地依赖诸如个人意见等反复无常之物。

发达资本主义的无信仰已被构建进其日常实践。[1]它与其公民是虔诚的还是怀疑的根本无关。即便它所有的参与者都是重生的福音派教徒，市场依然会表现为无神论的。当然，上帝绝没有销声匿迹。消费资本主义对他而言或许在实践中缺乏用处，但是它在一定程度上依然被抵押给了自己的形而上学遗产。大体上，发达资本主义仍然被困在尼采所谴责的否定状态中。经济或许是讨厌的无神论者，但是为其保驾护航的国家却仍然感觉到需要成为一名真正的信徒。当然，不必非得是宗教信徒，而是赞同某些无法仅仅从赤字规模或者失业统计中得到的不朽的道德或者政治真理。

完全可以想象出一种资本主义制度的未来，在其中那个内置的无神论变得可以说是官方化了——在其中，迟来的是从尼采那里获得的线索，它或许抛弃了自我欺骗并且不再需要那个不仅仅在实践中渐趋多余并且与自己的世俗活动也尴尬地不相容的道德上层建筑。然而，这样一种未来仍然是遥远的。就宗教信仰而言，人们不会突然抛弃历史上最为强大、成功的象征体系。此外，就在西方资本主义或许正在转向这

[1]　针对这个问题的讨论，参阅Michel de Certeau, ‘Believing and Making People Believe’，见 *The Practice of Everyday Life*, vol. 1 (Berkeley, 1984)。

个方向的时间节点上，两架飞机撞上了世贸中心使得形而上学的激情再次勃发。

197 随着西方在冷战中获得胜利，其某些辩护者就设想，已经不再需要热情的确信、宏大叙事和可观的教义体系。历史终结论因此被发表，而这绝非首次。黑格尔以适度的谦逊坚信历史在自己的头脑中已经达到了顶点；但是这仅仅使得一系列后来的思想家来挑战这个宣言，因此使得那个被认为已经完结的叙事反而长存了。那个关于历史已经完结的宣言不可避免地转变为非自我实现的预言。比如，试图摧毁历史的激进派只能成功地使其增长，因为清算历史的尝试本身就是历史行为。然而对那些兜售历史终结论的人来说，有比那个陈旧的理论更重要的事陷入危机之中。这个学说的必胜信念反映了后冷战的西方遍及全球、日益增长的专横政治行动，其结果之一就是引起了激进伊斯兰教的反冲。终结历史的尝试只是成功地再次将其开启。一个宏大叙事的终结恰是另一个宏大叙事诞生的时机，即所谓反恐战争的诞生。

其中的讽刺意味怎么估量都不为过。就在那个彻底无神论的文化登上舞台之后，对于这种已不再急于追求代替上帝位置的文化，上帝本身突然报复性地重新回到舞台。这两者并非毫无关系。原教旨主义（Fundamentalism）与其说来源于仇恨不如说是焦虑。它是那些感觉到自身被晚期现代的美丽新世界清洗了的人的病态心理，他们中的某些人总结出只有通过在超市引爆炸弹才能将注意力吸引到自己被低估的存在

上。无需赘言，这并非东西方之间的差异。原教旨主义是个 198
全球化的信仰。它的信徒从蒙大拿州的山上到大马士革的剧场都能被发现。世界相应地在那些太过相信的人和那些太过不相信的人之间割裂了。一些人完全丧失坚定的信仰，其他的则充满了强烈的热情。有人只忠于权力和利益，那些被这种道德空虚导致的结果所激怒的人则兜售会炸掉小孩子脑袋的教条。正如约翰·米尔班克所写："（一个）被用来阻挡盲信的不可知论现在却直接或间接地煽动了它。"[1]

从意识形态上说，西方正是在自己如此做最危险之处单方面地卸下了武装。装备着实用主义、文化主义、享乐主义、相对主义和反基础主义的混合物，它现在遭遇的是一个血统纯正的形而上学对手，这个对手降生的部分原因正在于它自身的政策，对这个敌手来说绝对真理、清晰的认同和稳定的基础所探讨的并非微不足道之事。形式上来讲，事实上西方仍然相信某些不能被否认的绝对，诸如自由、民主甚至（至少在大西洋对岸）上帝和魔鬼。只不过这些坚定的确信不得不在那个严重削弱它们的怀疑论文化中求生。

简单讲，西方资本主义成功出产的并非仅只世俗主义，还有原教旨主义，这是辩证法最为值得称道的壮举。[2] 在杀死

[1] John Milbank, 'Only Theology Saves Metaphysics', 见 Peter M. Candler Jr. and Conor Cunningham (eds), *Belief and Metaphysics* (London, 2007), p. 475。

[2] 关于新自由主义在帮助宗教激进主义创造条件方面的作用，参阅 David Harvey, *A Brief History of Neoliberalism* (Oxford, 2005)。

了神之后，它现在又插手让神复活，作为那些感觉被它的掠夺性政策压榨之人的避难所和力量。如果说它发现自己被一个来自外部的残忍信仰所围困，它同时还被来自内部的、被其优先事项抛弃的、原教旨主义公民的愤怒和偏执所攻击。
199 就在当代资本主义似乎将要进入后神学、后形而上学、后意识形态，甚至后历史时代的那个当口，一个愤怒的上帝再次昂起了头颅，急切于抗议自己的讣告被过早地张贴了。看来，神终究没有被平平安安地钉牢在他的棺材中。他仅仅换了个地址，移民到了“美国圣经地带”(the US Bible Belt)、拉丁美洲的福音派教堂和阿拉伯世界的贫民窟。并且他的粉丝俱乐部还在稳步扩大中。

随着晚期资本主义耗尽社会世界的意义，两种主要意义上的文化不再能为日常存在注入目的和价值。相反，某些更为狭义的文化和包装过的、托管的政治一起分享了意义的普遍流失。宗教正是钻进了这个精神上的空虚，不过和更早的现代时期有着明显的本质不同。首先，文化在很大程度上不再试图取代宗教。从瓦哈比派穆斯林（Wahabi Muslims）到美国南方浸信会教徒（Southern Baptists），两者越来越难以区分。以高度现代主义的形式，文化和政治也不能被看作是对立的。相反，更宽泛意义上的文化正是由于政治原因才被赋予了新的生命租期。以宗教信仰为中心的文化形式被西方剥削和羞辱，难以区分它们对这个冲击的反应是文化的、宗教的还是政治的。那个建议人们在宗教干涉到自身日常生活之时就应该放弃的智者完全是错误的。信仰正是在与日常存在关系紧密之时才开始发挥作用，这在德黑兰比在东格林斯特德更真实。如果说宗教在启蒙运动优先考虑之事中排名甚高， 200
主要就是因其政治上的重要性。对激进伊斯兰教也是同样。

随着启蒙运动的到来，科学和理性试图继承宗教的某些权威。对激进浪漫主义来说，是艺术而非理性志在篡夺这个统治权，或至少对它进行补充。艺术是一种新型推理的范式。正是这个，而非什么对音乐或绘画的广泛热情，使得审美在后启蒙运动的欧洲如此至关重要。还有人认为艺术同时也是激进政治的模板，肩负起了那个正统宗教很大程度上已经放弃的改变世界的使命。从民族主义到先锋派，一个政治和文化的爆炸性混合冲击了既有秩序。高度现代主义和文化批判首先正是对这个混乱遗产的反应。对这些构形而言，文化在很大程度上是政治性的，或者至少被看作是反政治的。它对俗气的世界来说是可供替代的选择，就如它对宗教信仰来说也是可供替代的选项。

然而，与此同时，宗教信仰坚持了下来，而高雅文化却发现自己渐趋守势。革命性政治运动也同样遭到断然回绝。在 20 世纪行将结束的几十年，一个以可能推翻帝国的方式强调文化诉求的政治运动——革命民族主义——让位于被称作文化政治的不那么有野心的事业。革命民族主义的结束和后现代主义的开端发源于同一个历史时刻。宏大叙事的三重奏——宗教、高雅文化以及政治改革——似乎顺其自然地发

展着。三者都似乎依赖于那个已经不再能被辩护的形而上学
201 假设。也正是在此刻，那个已经被在巴黎左岸以及世界各地解构了的形而上学，以宗教原教旨主义的形式在全球爆发。这并非不合逻辑。后现代主义所重视的认同政治本应与宗教认同问题捆绑在一起，却笨拙地和同性恋权利或者康沃尔民族主义（Cornish nationalism）坐在了一起。

西方和激进伊斯兰教之间的对抗包含了许多的讽刺。从西方现代性的立场看，后者拒绝对政治、文化、道德和宗教进行任何明确的区分，这是明显的前现代。然而，西方后现代主义也有着这样的界限之间的模糊，至少在将宗教从这个程式中移除之后。它同样倾向于将政治和文化进行合并，只不过是以与激进伊斯兰教徒完全不同的方式而已。如果“文化政治”这个术语对埃德蒙·柏克的继承者来说有一种矛盾修辞意味，对其后现代同伴而言则有着同义反复的意味。后现代主义还倾向于将文化和道德进行合并，虽然这里再次是与伊斯兰教相当不同的方式。它通过将道德价值作为特定文化亲缘物的方式将两个领域连接在一起，而伊斯兰教则将道德的与文化的看作是无缝的生活方式的方方面面。前现代和后现代因此在彼此身上发现了呼应。在一个纳入了艺术、道德、文化和政治的伊斯兰宗教信仰中，西方能够观察到自身更为早期的形象，即在那个作为现代性特征的脑力劳动大分工开始之前的形象。在遗憾于这个综合体先天缺乏自由的同时，它也可能对它赋予对手的身份感的稳定性感到遗憾，而这种

稳定性已经明显从其自身的生活方式中缺席了。

然而，讽刺并未到此为止。随着所谓反恐战争的展开，书里讲述的故事似乎绕了一圈又回到了原点，因为一个现成 202
版本的启蒙运动立即在恐怖主义者袭击了美国之后几年被所谓新无神论回收利用。[1] 就在后现代主义将理性、真理、科学、进步以及客观性随同许多专制主义幻想一起遣散之后不久，它们被那些惊恐的自由知识分子再次唤醒，以寻求一个比后现代主义已然提供的更为坚固的意识形态。新无神论绝非诞生在世贸中心的废墟之上，但它确实是在那里受到刺激而成为最新的紧要之事。亟须一个新的、富有战斗力的对西方文明的辩护，在受到了当下出现在东方的恐吓之时。一个痛斥宗教的理性主义者，美国的塞姆·哈里斯，虽然倾向于相信他的人民是有史以来道德上最为正直的，也在“9·11事件”发生之后开始考虑一个会导致“数百万无辜平民”牺牲的先发制人的核打击来对抗穆斯林国家对核武器的开发。[2] 应该注意，这是文明在与野蛮的争论对抗中发出的声音。哈里斯似乎将自己看作一个自由主义者，这让人好奇他那些更为中间偏右派的同事为穆斯林世界准备了什么使人不快的突然袭击。

---

[1]　特别参阅 Richard Dawkins, *The God Delusion* (London, 2006), Sam Harris, *The End of Faith: Religion, Terror, and the Future of Reason* (London, 2004), Christopher Hitchens, *God Is Not Great* (London, 2007), 以 及 Daniel Dennett, *Breaking the Spell: Religion as a Natural Phenomenon* (London, 2007)。

[2]　参阅 Harris, *The End of Faith*, p. 129。

一种新型的西方文化至上论盛行，虽然那个较为古老的至上论现已失败。上帝现在站在野蛮的那一边，无信仰者站在文明这一方。阻碍西方进步路途的不是西方自身的问题，而是来自他者的尼安德特人的教义。

新无神论或许正确地声明了现代社会，不论它们自己如
203 何设想，不再需要作为意识形态支柱的宗教。某些启蒙运动思想家如我们所见的在很早之前就这么讲过。现代男女在很大程度上并不是由超自然中得到自己的道德感。理性也不需要神话支柱，就像激进的启蒙运动者意识到的那样。这并非因为它能够独立前行、直率和自我依赖，不受形象、寓言、经验、直觉和感觉上的特殊性的阻碍。而是因为任何真正的理性都必然已经包含了这些。如果没有，那么就无法做到充分合理。从达朗贝尔到道金斯的理性主义所不愿承认的就是人类理性是与身体有关的。就像托马斯·阿奎那所指出的，由于我们所拥有的身体，我们才会这样想。理性只有在植根于自身之外时才能真正合理。它必须在理性之外找寻到自己的归依，这不是说要在对其有敌意之处找寻。任何纯粹以理念的术语把握自身，其后在与感官世界相关的不那么空想的路径中摸索的理性形式，自开端就是虚弱的。

还有最后一个讽刺值得思考。在《无信仰者的信仰》中，这个标题可以被用来表述近代左派思想的整个源流，西蒙·克里切利承认了自己眼中的完全世俗化世界观的局限，并且表达了自己对激进政治能够在没有宗教维度的情况下发挥作用

的疑惑。[1] 现在正是某些左派，而非右派，指望着对政治的宗教“补充”——在一定程度上，无疑是对晚期资本主义精神空虚的反应，但也是因为在宗教和信仰、希望、正义、社区、解放等等这些世俗概念之间确实有着重要的紧密关系。很多杰出的左派思想家，从巴迪欧、阿甘本以及德布雷到德里达、 204
哈贝马斯以及齐泽克，因此转向了神学问题，使他们的某些追随者感到委屈或困惑。

一群虔诚的唯物主义者吃力地谈着新教术语诸如“无限的断言”“感受召唤”“无穷责任”等，这个场面可不是温和的喜剧式的触动而是悲怅的冲击。如果格雷厄姆·格林的小说充斥着不情愿的基督徒，想要摆脱神的男女结果发现他像某种致命的毒瘾一样缠住自己，也有不情愿的无神论者——那些思想家有时只有在不信仰上帝这个事实上才能与坎特伯雷大主教相区分。他们除了宗教信仰的实质之外与宗教并无二致，正像埃德蒙·柏克曾将自己的某些敌手描述为除了他们煽动的热情之外与政治毫无关系。乔治·斯坦纳和罗杰·斯克鲁顿在他们事业的各个阶段都是这种自称的信徒。不可知论的政治哲学家约翰·格雷则是另一个。宗教信仰从没有在这些无信仰者中如此盛行过。

与左派思想家同游的还有那些资本主义的辩护者，他们

---

[1] Simon Critchley, *The Faith of the Faithless* (London, 2012), pp. 24–5.

苦于其粗鲁的唯物主义风气，试图掠夺宗教的精神来为这种生活方式带来甜蜜与光明。宗教信仰，适当地清理掉其原始的主题，或许能够充当粗野社会秩序的审美补充。弗朗西斯·斯普福特的《毫无悔意：为何，尽管如此，基督教仍能够造成令人惊奇的情绪感知》的标题就是这一趋势的症状，如同阿兰·德波顿不经意地令人愉悦的《给无神论者的宗教》。
205 德波顿提出："宗教生活的方方面面可以大量地适用于世俗社会的难题。"[1] 我们已经看到有多少急于让宗教为权力服务的早期思想家曾做出这个宣言。在马修·阿诺德出现一个半世纪之后，德波顿依然不满足地希望文化能够抢夺到宗教的指挥棒。他写道："我们不愿意从宗教的角度考虑世俗文化，换句话说，将其作为指导性的来源。"[2] 德波顿是当今的阿诺德，从他那高雅的维多利亚时代的语言中可清晰看出。宗教"教导我们要礼貌、尊重他人、保持信仰和冷静"，并用"社群的魅力"对我们进行指导。[3] 理智地讲，宗教纯粹是荒谬的；但是只要它还有助于某些急需的修养、审美魅力、社会秩序以及道德教诲，这个批评就很难切中要害。德波顿称，像自己这样一个坚定的无神论者因此也仍然能够发现宗教中"偶发的趣味、实用和抚慰"[4]，这使得它听起来像是在你意志消沉的时候搞

[1] Alain de Botton, *Religion for Atheists* (London, 2012), p. 19.

[2] Ibid., p.111.

[3] Ibid., pp. 63, 66.

[4] Ibid., pp.11–12.

到的一块蛋奶酥（soufflé）。由于基督教要求一个人在陌生人有需要的时候可以放弃自己的生命，德波顿一定对安慰有一种奇怪的想法。他的信仰的概念和那些由于大声疾呼正义而被帝国力量折磨与行刑的先知的信仰概念并不相同，先知的追随者们也肯定准备好了面对同样的命运。

此外，宗教为满足特定的情感需要提供了一个便捷的方式。它能够向其他浅薄的生命反复灌输道德训诫、加强社会秩序以及提供一定程度的礼仪规范、审美共鸣和精神深度。这就是知识分子两面性的最佳例证。它反映了从尼采和易卜生到康拉德、费英格以及 J. M. 辛格那里随处可见的对有利的虚构或者救赎性谎言的信任。如我们已然看到的，自由资本主义社会经常为了弥补他们天然有分裂倾向 206
的本性而去探寻一种审慎的公有社会精神。若说今日的我们是宗教吸引力复兴的见证者，不仅仅是因为随着资产阶级秩序在精神上的进一步崩溃而导致的对信仰更为迫切的需求。还因为这个崩溃已经被激进伊斯兰教逼入了险峻之地，如果所谓的反恐战争要赢得胜利就需要控制这个形势。正像阿诺德出于政治动机而清空了宗教的教义内容，某些当代的无神论哲学家已然成为当今的信仰主义者，将宗教的内容搁置一边以使其屈从于自己的道德和政治目的。上帝或许死了，但是阿诺德和孔德的精神还继续存活着。然而，基督教信仰与道德提升、政治团结或者审美魅力无关。它也不是从什么“无限责任”那自命不凡的含混中诞生。

它起始于那个被钉在十字架之上的身躯。

我们已经了解到那种不情愿的无神论有着悠久的历史。马基雅维利认为宗教理念虽然空洞，但却是恐吓与安抚暴民的有效手段。伏尔泰深怕自己的不虔诚传染给家庭仆役。托兰德自己坚持着“理性的”基督教信仰，却认为底层民众应该保持迷信。吉本，有史以来最为声名显赫的怀疑论者之一，认为自己所蔑视的宗教教义仍然具有社会效用。孟德斯鸠与休谟也是这么认为。同样的还有我们自己时代的尤尔根·哈贝马斯。狄德罗嘲笑宗教但是重视它的社会凝聚能力。阿诺德试图用被自己唾弃的诗化的基督教学说来回应工人阶级可怕的无神状态。奥古斯特·孔德，一位彻底的唯物主义者，以其
207 世俗祭司制度的计划使得这个可疑的传统达到了荒谬的顶点。涂尔干自己完全不信神，但是认为宗教可以是启发性情感的宝贵来源。哲学家列奥·施特劳斯坚持宗教信仰对社会秩序的必要性，虽然他自己连片刻都没有相信过。一个哲学精英意识到了事实的真相——即政治社会没有什么确切的基础——那么必须不惜一切代价让大众不会了解到这点。如果上帝重蹈了奥林匹斯众神以及柏拉图形式（Polatonic forms）的覆辙，社会秩序和道德自律该怎样维持呢？

关于这一整个传承都有着某种使人不快的虚伪。“我碰巧自己不相信，但是出于政治上的权宜你们必须信”是那些设想着致力于智力上诚实的思想家们的口头禅。能够想象如果他们被告知自己最为珍视的信仰——公民权利、言论自由、

民主政府等等——理所当然是无意义的，只不过这种无意义出于政治上的便宜不会被废弃，他们将作何反应。这也使得弗里德里希·尼采公然大胆地指出问题与其说是上帝的死不如说是关于人（Man）的背信弃义，人以一种使人震惊的认知不一致的行为谋杀了自己的造物主但是仍然断言他还活着。也正因此，男男女女在那个神圣的葬礼上没能找寻到重塑他们自己的机会。

如果宗教信仰从那个为了社会秩序的存在而必须向其供应一系列基本原理的负担中解放出来，它或许能够重新发现自己的真实目标是作为所有这些政治学说的批判者。在这个意义上，它的过剩或许证明了它的救赎。《新约》关于负有责任的公民身份可是只字未提。它本就不是一个“文明的”文献。它对社会共识没有表现出任何的热情。由于它坚持这些 208
价值都会很快消逝，它对公民美德的标准或者善良行为准则并不十分重视。它加诸于平凡（common-or-garden）道德的不是什么超自然的支持，而是传递了“我们的生活方式如果要重生为公正且慈悲的社群，那么必然经历彻底的分解”这样一个难以忽视的讯息。这个分解的标志就是与穷人和无权者的团结。一种新的信仰、文化和政治结构或许就诞生在此处。

索　引

注：页码为英文原书页码，页码后的 *n* 及数字指该编号注释。

Abrams, M.H. 艾布拉姆斯 101,214*n*. 15

Absolute and Idealists 绝对与唯心主义者 95–6,98–9

Adorno, Theodor 阿多诺，西奥多 38,59,172,182

aesthetic 审美的 119

  and German Idealism 和德国唯心主义 69–80

  and Nietzsche 和尼采 163–4

  Schopenhauer and death of desire 叔本华与欲望的消亡 97,154–5

  and theology 和神学 174

Agamben, Giorgio 阿甘本，乔治 203–4

Althusser, Louis 阿尔都塞，路易 148–50

anarchy and Arnold 无政府状态及阿诺德 129,130,131–2

ancient Greece 古希腊

  art and desire 艺术与欲望 98, 108–9

  Hellenism of the Romantics 浪漫主义者的希腊精神 106–9,110

  and Idealism 和唯心主义 57,61

ancient Rome and Enlightenment 古罗马和启蒙运动 106
Anderson, Perry 安德森，佩里 67,192
Arnold, Matthew 阿诺德，马修 86,107,118,123–42,144,169
on ancient Greece 关于古希腊 107
on culture 关于文化 124–32
as reactionary atheist 作为反动的无神论者 140–1
on religion and appeal to the masses 关于宗教与吸引大众 133–42
art 艺术
and desire 和欲望 97–8,108–9,154–5
and German Idealism 和德国唯心主义 53–4,55–6,66–8
and Nietzsche's *Birth of Tragedy* 和尼采的《悲剧的诞生》163–4
as private enterprise in modern age 在现代作为私人事务 2
and Religion of Humanity 和人道教 144–5
and Romantic imagination 和浪漫主义想象 101–6,115
as substitute for religion 作为宗教的替代 68,80,180–1,200
see also aesthetic; culture; poetry; tragedy 另请参阅美学；文化；诗歌；悲剧
atheism 无神论 119–20,151–73
and conviction in late modernity 和晚期现代性的确信 192–208
and Enlightenment *philosophes* 和启蒙运动哲学家 7,24,26,119
of Nietzsche 尼采的 151–2,155–9,161–2,188–9,192–3,194
origins 起源 5–6
and postmodernism 和后现代主义 190,191–2,202
psychoanalysis as 精神分析作为 96
reluctant atheists 不情愿的无神论者 204,206
Schopenhauer's Will 叔本华的意志 152–5

and uses of religion 和宗教的作用 206–7
Auden, W.H. 奥登 87
autonomy 自律
and the aesthetic 和美学 74–5,78
as Christian value 和基督教价值 10,36
Man and Nietzsche's *Übermensch* 人和尼采的超人 161–2,189
of self and German Idealism 自我和德国唯心主义的 40–1,48
theological grounding 神学的基础 49–51
tragedy and freedom and determinism 悲剧和自由和决定论 179–80
avant-garde art 先锋派艺术 183–4,175

Bacon, Francis 培根，弗朗西斯 30
Badiou, Alain 巴迪欧，阿兰 44–5,185,203–4
Barnard, Philip 巴纳德，菲力普 97
Baudelaire, Charles 波德莱尔，夏尔 13–14
Baudrillard, Jean 鲍德里亚，让 192
Bayle, Pierre 贝尔，皮埃尔 9,147
Becker, Carl 贝克尔，卡尔 16–17,24
Beckett, Samuel 贝克特，塞缪尔 154,186
beliefs and conviction 信念与确信 192–208
fundamentalism in late modernity 晚期现代性中的原教旨主义 3,196,197–202,206
Nietzsche's aversion to conviction 尼采对确信的厌恶 192–3,194
see also faith; ideology; religion 另请参阅信仰；意识形态；宗教
Benda, Julien 班达，朱利安 175
benevolence and religion as feeling 作为情感的慈善与宗教 39–40,41

Benjamin, Walter 本雅明，瓦尔特 45,62,168–9
Bentham, Jeremy 边沁，杰里米 18,27,62
Berkeley, George, bishop 贝克莱，乔治，主教 31
Berlin, Isaiah 伯林，以赛亚 17,110–11,212*n*.61
Bible: Arnold's 'recasting' of religion 圣经：阿诺德对宗教的"重塑" 134–8
Blake, William 布莱克，威廉 102,117,160,173
Bloomsbury Group 布鲁姆斯伯里集团 214*n*.1
Blumenberg, Hans 布鲁门博格，汉斯 16
body 身体
  and moral law 和道德律 71
  and Nietzsche 和尼采 167
  and Reason 和理性 203
  see also feeling 另请参阅情感
Bowie, Andrew 鲍伊，安德鲁 46
Boyle, Nicholas 博伊尔，尼古拉斯 46,110
Brecht, Bertolt 布莱希特，贝尔托 171
Bull, Malcolm 布尔，马尔科姆 5,6
Bumptious, George I. 傲慢的，乔治一世 28
Burke, Edmund 柏克，埃德蒙 31,33–4,41,71,73,106,114,123,204
Butler, Joseph, bishop 巴特勒，约瑟夫，主教 31
Butler, Marilyn 巴特勒，玛里琳 106,217*n*.75

capitalism 资本主义
  and conviction 和确信 26,194–5,195–6,198–9
  and religion in late modern society 和晚期现代社会的宗教 205–6

see also industrial capitalism 另请参阅工业资本主义
Carlyle, Thomas 卡莱尔，托马斯 34,62,126,175
Cassirer, Ernst 卡西尔，恩斯特 5,213*n*.70
Christianity 基督教
Arnold's 'recasting' for the masses 阿诺德为大众所做的"重塑" 133–42
and death 和死亡 143,159,160,171
and Enlightenment thought 和启蒙运动思想 9–11,12–13,16–17,43
Marx and religious thought 马克思和宗教思想 90–1,151,160–1
and social order 和社会秩序 146–7
see also God; Protestantism; Roman Catholicism 另请参阅上帝；新教；罗马天主教
civil society and effect of culture 市民社会与文化的影响 83
civilisation 文明
and culture 和文化 167–72,173,183–4
Western supremacism in late modernity 晚期现代性中的西方至上主义 202
Clapham Sect 克拉帕姆福音教派 214*n*.1
Clarke, Samuel 克拉克，塞缪尔 42
classical world *see* ancient Greece; ancient Rome 古典世界参阅古希腊；古罗马
Colenso, Bishop John William 科伦索，约翰·威廉主教 141
Coleridge, Samuel Taylor 柯勒律治，塞缪尔·泰勒 62,80–3,87,102,103,109,112,175
commodity fetishism 商品拜物教 60
common people *see* masses 普通民众参阅大众

Comte, Auguste 孔德，奥古斯特 62,144–6,167,206–7
Condillac, Etienne Bonnot de 孔狄亚克，埃蒂耶纳·博诺·德 18
Condorcet, Marquis de 孔多塞，马奎斯，德 14,18,22
Constantine, David 康斯坦丁，大卫 96,110
Constructivism 结构主义 184
consumerism and death of God 消费主义和上帝之死 190,196
conviction *see* beliefs and conviction 确信参阅信念与确信
Cottingham, J.G. 科廷厄姆，J.G. 4
Critchley, Simon 克里切利，西蒙 177,203
cultural politics and postmodernism 文化政治和后现代主义 175,200,201
culture 文化 119–42
  backlash against 反冲对抗 167–72
  and civilisation 和文明 167–72,173,183–4
  and death drive 和死亡驱力 104,172–3
  and fundamentalism in late modernity 和晚期现代性的原教旨主义 199–200
  and German Idealism 和德国唯心主义 66–8
    and nationalism 和民族主义 84–90
    politics and the aesthetic 政治和美学 74–80
    as substitute for God 作为上帝的替代品 77
  Herder's expansion of 赫尔德的阐述 65–6
  and modernism 和现代主义 174–5,180–2,200
  and Nietzsche 和尼采 164,165,167
  and postmodernism 和后现代主义 190–2
    culture and everyday life 文化和日常生活 184–5
  Romanticism and ancient Greece 浪漫主义和古希腊 106–9

as substitute for religion 作为宗教的替代 45–6,68,80,120–2,181
and Arnold's theory 和阿诺德的理论 123–42
and myth 和神话 61–2,69,106,120
see also aesthetic and German Idealism; art; poetry; politics and culture 另请参阅美学和德国唯心主义；艺术；诗歌；政治和文化

Darwin, Charles 达尔文，查尔斯 167
Dawkins, Richard 道金斯，理查德 148
de Botton, Alain 德波顿，阿兰 204–5
Deane, Seamus 迪恩，谢默斯 42
death 死亡
death drive and culture 死亡驱力和文化 104,172–3
role in religion 在宗教中的作用 143,159,160,171
see also God: death of God and substitutes for 另请参阅上帝：上帝之死及替代
Death of History 历史的终结 197
Debray, Régis 德布雷，雷吉斯 204
Deism 自然神论 9,11,13,22,30,42–3
Deleuze, Gilles 德勒兹，吉尔 156
Derrida, Jacques 德里达，雅克 204
Descartes, René 笛卡尔，勒内 18
desire 欲望
and backlash against culture 与反冲对抗文化 168
and psychoanalysis 和精神分析 172–3
and Romanticism 和浪漫主义 96,97–8,100–1,108–9
Schopenhauer's negative view 叔本华的消极观点 97,153,154–5

determinism and tragedy 决定论和悲剧 179–80

Dickens, Charles 狄更斯，查尔斯 116,139

Hard Times《艰难时世》115

Diderot, Denis 狄德罗，德尼 7,15,18,19,24,206

Dionysus 迪奥尼索斯 178

disinterestedness 无私

and Romantic imagination 和浪漫主义想象 101

and wealth 与财富 84

'double truth' thesis and masses“双重真理”理论与大众 20–6,28,121,134,155–6,206–7

Dupré, Louis 杜普雷，路易斯 36–7

Durkheim, Emile 涂尔干，埃米尔 38,146,147–8,192,207

dynamism and finitude of form 动态和有限形式 109–10

egoism and Romantic imagination 利己主义和浪漫主义想象 101

Eliot, George 艾略特，乔治 139,142,182

Adam Bede《亚当·比得》99

Eliot, T.S. 艾略特，T.S. 34,121,175

The Four Quartets《四个四重奏》110,187

empiricism and Enlightenment 经验主义和启蒙运动 213*n*.70

English Enlightenment 英格兰启蒙运动 2–3

Enlightenment thought 启蒙运动思想 1–43,93,151

and the aesthetic 和美学 70–1,119–20

and ancient Greece 和古希腊 106

and destabilisation of religion 和宗教的动摇 5,7–8

Eurocentrism 欧洲中心主义 89

and human nature 和人性 12–16
and institutional religion 和制度性宗教 4,6,7,8,12,19–20
limitations of liberalism 自由主义的限制 29–30
limitations of Reason 理性的局限 31–3,34,36
and Nature 和自然 17–18,27–8
radical Enlightenment 激进启蒙运动 18,27–8
and rationalisation of religion 和理性化宗教 6–7,9–12,30–2,33–43,147,200
problem of rationalisation and 'double truth' thesis 理性化的困境和“双重真理”理论 20–6,28
religious adherence of rationalists 理性主义者的宗教忠诚 9,11,16–17,30,206
and social background 和社会背景 18–20
see also Reason 另请参阅理性
entrepreneurial subject 创业者主体 52–3
everyday life and postmodernist culture 日常生活和后现代文化 184–5
evil 邪恶
and the aesthetic 和美学 79
and Idealism 和唯心主义 92,93
necessity of 的必要性 14
and Romanticism 和浪漫主义 93
executioner and public morality 刽子手和公共道德 25–6
experience 体验 36,37–8
Idealism and religion of the senses 唯心主义和感性宗教 56–60,64,69,70
and the aesthetic 和美学 70–80
see also feeling 另请参阅情感

faith 信仰
belief and conviction in late modernity 晚期现代性的信念和确信 192–208
and knowledge 和知识 11,99–100
postmodernist suspicion of 后现代主义者的怀疑 192
see also religion 另请参阅宗教
feeling 感情
culture and civilisation 文化和文明 183
and knowledge 和知识 99
and Reason 和理性 150
and religion 和宗教 36,38–40,42
and Romanticism 和浪漫主义 113–14
see also experience 另请参阅体验
Ferguson, Adam 弗格森·亚当 15,183
Feuerbach, Ludwig 费尔巴哈，路德维希 36,142,143,156
Fichte, J.G. 费希特，J.G. 11,19,37,41,102,105
absolute ego 绝对自我 55,98
aspirational readership 有雄心壮志的读者 66
culture and education of masses 文化和大众教育 80,83
and nationalism 和民族主义 87,89–90,93
striving of self 自我的奋斗 54–5,95
and subjectivity 和主体性 50,51
Fielding, Henry 菲尔丁，亨利
and human virtue 和人类德行 13
Tom Jones《汤姆·琼斯》13

Fish, Stanley 费什，斯坦利 193
Foucault, Michel 福柯，米歇尔 189
France 法国
social background of *philosophes* 启蒙运动者的社会背景 18,19
see also French Revolution 另请参阅 法国大革命
Frankfurt School 法兰克福学派 175
see also Adorno; Horkheimer 另请参阅阿多诺，霍克海默
Franklin, Benjamin 富兰克林，本杰明 7
freedom 自由
and subjectivity 和主体性 50–1
and tragedy 和悲剧 179–80
see also autonomy 另请参阅自主
Freemasonry 共济会 22,27
freethinkers and Enlightenment 自由思想家和启蒙运动 22,28,157
French Revolution 法国大革命 47,106,107
and culture 文化 123
and Romanticism 和浪漫主义 110,111
Schiller's low expectations of masses 席勒对大众的低估 22–3
substitution of Supreme Being for God 作为最高存在的上帝的替代 143–4
Freud, Sigmund 弗洛伊德，西格蒙德 15,51,70,92,151,165,167
death drive and culture 死亡内驱力和文化 104,172–3
and desire 和欲望 55,153
and modernism 和现代主义 176
see also psychoanalysis 另请参阅精神分析
fundamentalism in late modernity 晚期现代性的原教旨主义 3,196,197–

202,206
Futurism 未来主义 184

Gay, Peter 盖伊，彼得 19,106
Geist see Spirit Geist 参阅精神
Gellner, Ernest 盖尔纳，恩斯特 217*n*.73
gender and Reason 性与理性 73
George, Stefan 格奥尔格，斯特凡 176–7
German Idealism 德国唯心主义 33,46–94
  and the Absolute 和绝对 95–6,98–9
  and the aesthetic 和美学 69–80
  and autonomy of self 和自我的自主 40–1
  and Marxism 和马克思主义 90–1
  and nationalism 和民族主义 84–90
  and Romanticism 和浪漫主义 93–4
  and social background 和社会背景 19
  and subjectivity 和主体性 49–55,95–6,97
Germany 德国
  and mythology 和神话 57,61–2
  see also German Idealism; Nazism 另请参阅德国唯心主义；纳粹主义
Gibbon, Edward 吉本，爱德华 9,13,15,19,26,106,206
God 上帝
  Arnold's view of Yahweh 阿诺德对耶和华的观点 137,138
  as autonomous entity 作为自主的实体 10,36
  death of God and substitutes for 上帝之死及其替代 151–67
    culture as substitute for God 作为上帝替代的文化 77,181–2

French Revolution and Supreme Being 法国大革命和神 143–4
fundamentalism in late modernity 晚期现代性的原教旨主义 198–9
Man and Religion of Humanity 人和人道教 44–5,143–4,151–2,160
and Nietzsche 和尼采 155–9,161–2,164–7,188–9
persistence of divinity 神性的坚持 45
poetry in modern age 现代时期的诗歌 180
and postmodernism 和后现代主义 186–7,188–9,189–90,191–2
Spirit and German Idealism 精神和德国唯心主义 46,47,51,56
theology and subjectivity 神学和主体性 49–52
see also atheism; religion: substitutes for in modern age 另请参阅无神论；宗教：现代时期的替代
and Reason 和理性 33–6,37–8,43
see also Christianity; religion 另请参阅 基督教；宗教
Godwin, William 戈德温，威廉 7,14,20
Goethe, Johann Wolfgang von 歌德，约翰·沃尔夫冈·冯 103–4,107,165
Goldmann, Lucien 戈德曼，吕西安 7–8
Goldsmith, Oliver 戈德史密斯，奥利弗 101
Gramsci, Antonio 葛兰西，安东尼奥 75
Gray, John 格雷，约翰 9–10,91,204
Greece *see* ancient Greece 希腊参阅古希腊
Greene, Graham 格林，格雷厄姆 204

Habermas, Jürgen 哈贝马斯，尤尔根 10,46,57,204,206
Hallward, Peter 霍尔沃德，皮特 44–5
Halmi, Nicholas 哈尔米，尼古拉斯 76
Hamann, Johann Georg 哈曼，约翰·格奥尔格 19,30,36,38,58,89,99

Hardy, Thomas 哈代，托马斯 141–2

Harris, Sam 哈里斯，塞姆 202

Harrison, Frederic 哈里森，弗里德里希 125

Harrison, Peter 哈里森，皮特 6

Hartman, Geoffrey 哈特曼，杰弗里 104

Hazlitt, William 赫兹里特，威廉 101

Hebraism 希伯来文化 132,139–40

Hegel, G.W.F. 黑格尔，G.W.F. 19,33,37,46,48,57,82,98

　and art and culture 和艺术与文化 66–8

　and death of art 和艺术的死亡 59

　and Death of History 和历史的终结 197

　Enlightenment and religion 启蒙运动和宗教 4,29

　love and desire 爱与欲望 97

　Spirit and dialectical thought 精神和辩证法思想 94

　Spirit and subjectivity 精神和主体性 47,53

Heidegger, Martin 海德格尔，马丁 175,182

Hellenism 希腊文化

　and Arnold's theory of culture 和阿诺德的文化理论 132

　and Romanticism 和浪漫主义 106–9,110

Helvetius, Claude-Adrien 爱尔维修，克洛德·阿德里安 7,18

Herbert, Edward 赫伯特，爱德华 11

Herder, Johann Gottfried 赫尔德，约翰·哥特弗雷德 19,33,93,210*n*.15,214*n*.4

　and culture 和文化 65–6

　and history and progress 和历史与进步 15–16

　nations and nationalism 民族和民族主义 15–16,88–9

Reason and the senses 理性和感性 64,65
and religion 和宗教 9
hermeneutics 诠释学 45,99
history 历史
Death of History 历史的终结 197
and human progress 和人类进步 15–16
and modernism and postmodernism 和现代主义及后现代主义 187–8
Hobbes, Thomas 霍布斯，托马斯 6,176
Hobsbawm, E.J. 霍布斯鲍姆，E.J. 217*n*.73
Holbach, Baron d' 霍尔巴赫，男爵 7,15,18,25
Hölderlin, Johann Christian Friedrich 荷尔德林，约翰·克里斯蒂安·弗里德里希 19,57,96,102,108,111
Horkheimer, Max 霍克海默，马克思 38,59
Hulme, T.E. 休姆，T. E. 53
human nature 人性
and Enlightenment thought 和启蒙运动思想 12–16
and German Idealism 和德国唯心主义 92–3
see also evil; morality; virtue 另请参阅邪恶；道德；德行
humanity as substitute for religion 人作为宗教的替代 142–50
and dependency on God 和对上帝的依赖 159,160,161
and Marx 和马克思 160–1,162
Nietzsche and death of Man 尼采和人之死 159,188–9
Nietzsche and *Übermensch* 尼采和超人 155–9,161–2,164–5,189
rejection by postmodernism 被后现代主义抛弃 188–9,192
Religion of Humanity 人道教 44–5,142–6,151–2,160
Schopenhauer's negative view 叔本华的消极观点 152–5

Hume, David 休谟，大卫 7,15,64,114

and ‘double truth’ thesis 和“双重真理”理论 21,25,206

and Reason and religion and morality 和理性及宗教及道德 11–12,24–5,41–2

Hutcheson, Frances 哈奇森，弗兰西斯 13,39,40,42,101

Idealism *see* German Idealism 唯心主义参阅德国唯心主义

ideology 意识形态

Althusser’s view 阿尔都塞的观点 148–50

see also beliefs and conviction 另请参阅信念和确信

imagination of Romantics 浪漫主义者的想象 101–6,115

industrial capitalism 工业资本主义 127,145–6,176,183–4

and Romanticism 和浪漫主义 115,116–17

and symbolic sphere 和象征领域 62–4,78–9

infinity and finitude of form 无限性和有限形式 109–10,115–16

instrumentalism 工具主义

atheism and use of religion 无神论和宗教的用途 206–7

and Reason 和理性 34–5

see also ‘double truth’ thesis and masses 另请参阅“双重真理”理论与大众

Irish nationalism 爱尔兰民族主义 85,87

Islamic fundamentalism in late modernity 晚期现代性的伊斯兰原教旨主义 196,197–202,206

Israel, Jonathan 伊斯雷尔，乔纳森 4,5,8

Jacob, Margaret 雅各布，玛格丽特 18,27

Jacobi, Friedrich 雅可比，弗里德里希 10,19,30,36
and autonomy of self 和自我的自主 40–1,99
on knowledge and truth 论知识和真理 33
religion and experience 宗教和体验 37–8,39,144
Jameson, Fredric 杰姆逊，弗雷德里克 34,44,91
Jefferson, Thomas 杰弗逊，托马斯 9,19,21
Jesus 耶稣
and death 和死亡 159,160,171
and social disruption 和社会分裂 146–7
Johnson, Samuel 塞缪尔，约翰逊 15,37
Joyce, James 乔伊斯，詹姆斯 181,187,191

Kafka, Franz 卡夫卡，弗兰兹 186
Kant, Immanuel 康德，伊曼纽尔 9,15,19,36,48,58,98,107
aesthetic judgements 审美判断 39
culture and political freedom 文化和政治自由 75
God as beyond Reason 上帝作为理性的超越 35,43
and Herder 和赫尔德 64
and human nature 和人性 13
moral law and sensory icons 道德律和知觉符号 68,70
Keats, John 济慈，约翰 59,104,110,113,155
Kedourie, Elie 凯杜里，埃里 87
Kermode, Frank 克默德，弗兰克 62,181
Kierkegaard, Søren 克尔凯郭尔，索伦 37,48,58,175,189,192
and individualism of Protestant faith 和新教信仰的个人主义 38,40,

99,162–3
knowledge 知识
and faith 和信仰 11,99–100
and feeling 和情感 99
Korsch, Karl 柯尔施，卡尔 91
Kulturkritik 文化批评 174–6,184–5,200

La Mettrie, Julien Offray de 拉美特利，朱利安·奥弗鲁瓦·德 7
Lacan, Jacques 拉康，雅克 104,146,158
Lacoue-Labarthe, Philippe 拉库－拉巴尔特，菲利普 97
language and nationalism 语言和民族主义 89
Larkin, Philip 拉金，菲利普 186
Lawrence, D.H. 劳伦斯，D.H. 63,175,182
Leavis, F.R. 利维斯，F.R. 175,180
Leibniz, Gottfried Wilhelm 莱布尼茨，戈特弗里德·威廉 18,28
Leser, Cheryl 莱塞，谢里尔 97
Lessing, Gotthold Ephraim 莱辛，戈特霍尔德·埃夫莱姆 10,38
Lévi-Strauss, Claude 列维－施特劳斯，克劳德 59
Lewes, G.H. 刘易斯，G.H. 142
liberalism 自由主义
and Arnold's theory of culture 和阿诺德的文化理论 130,131,139–40
and freedom of belief 和信仰自由 195
and limitations of Enlightenment 和启蒙运动的局限 29–30
Liverpool, Lord 利物浦，勋爵 81–2
Lloyd, David 劳埃德，大卫 83
Locke, John 洛克，约翰 9,12–13

love and Romantic imagination 爱与浪漫主义想象 101
Lovejoy, A.O. 拉夫乔伊，A.O. 22,111
Lukács, Georg 卢卡奇，乔治 66,175

Machiavelli, Niccolò 马基雅维利，尼可罗 140,206
MacIntyre, Alasdair 麦金泰尔，阿拉斯代尔 9
Mahaffy, J.P. 马哈菲，J.P. 108
Maistre, Joseph, Comte de 迈斯特，约瑟夫·德 25–6,111,214*n*.1
Mallarmé, Stéphane 1 马拉美，斯特凡 180
Man *see* human nature; humanity as substitute for religion 人参阅人性；作为宗教替代的人
Mandeville, Bernard 曼德维尔，伯纳德 14
Mann, Thomas 曼，托马斯 175,176
Mannheim, Karl 曼海姆，卡尔 175
Manuel, Frank 曼纽尔，弗兰克 4
Marcuse, Herbert 马尔库塞，赫伯特 175
Marx, Karl 马克思，卡尔 26,62,92,151,169
  and hollowness of religion 和宗教的空虚 80,138–9,142
  influence of religious thought 宗教思想的影响 90–1,160–1
  on mythology 论神话 59,61
  and Nietzsche 和尼采 160–1,162,165,166–7,170
  and Schiller's aesthetic theory 和席勒的美学理论 78–9
Marxism 马克思主义
  and culture 和文化 169,170
  and German Idealism 和德国唯心主义 90–1
  as substitute for religion 作为宗教的替代 88,90,160–1,162

see also Marx, Karl 另请参阅马克思，卡尔
masses 大众
Arnold's 'recasting' of religion for 阿诺德对宗教的“重塑”133–42
and Arnold's theory of culture 和阿诺德的文化理论 129–30,132,139
as audience for Idealist works 作为唯心主义者著作的读者 66,91–2
and classical model 和经典范例 108–9
and Coleridge's religious reversion 和柯勒律治的宗教复辟 81–3
and culture and nationalism 和文化及民族主义 87
and 'double truth' thesis 和“双重真理”理论 20–6,28,121,134,155–6,206–7
Idealism and mythology 唯心主义和神话 56–62,69,70,120
and Romanticism 和浪漫主义 112
and Schiller's aesthetic theory 和席勒的美学理论 72
middle classes 中产阶级
and Arnold's theory of culture 和阿诺德的文化理论 130,132
and loss of religion 和宗教的失败 7–8
and Religion of Humanity 和人道教 142–3
and Romantic Hellenism 和浪漫主义希腊精神 108,109
Milbank, John 米尔班克，约翰 198
Mill, John Stuart 穆勒，约翰·斯图尔特 62,170
modernism 现代主义 117,174–85,200
contrast with postmodernism 与后现代主义的对比 184–8
Molesworth, Robert 摩尔斯沃斯，罗伯特 28
Montesquieu 孟德斯鸠 7,18,24,206,210*n*.15
morality 道德
and Arnold's 'recasting' of religion 和阿诺德对宗教的“重塑”135–

6,137–8,139–40
as human construct 作为人的构想 11–12
and Nietzsche 和尼采 156–7,165–6
and Reason 和理性 9–10,41–3
and the aesthetic 和美学 71,72–3,79,101
role of public executioner 公共刽子手的作用 25–6
role of religion in Enlightenment 宗教在启蒙运动中的作用 22,24, 25–6
see also evil; religion; virtue 另请参阅邪恶；宗教；德行
Morris, William 莫里斯，威廉 78,117
Morrissey 莫里西 185
motion and finitude of form 动作和有限形式 109–10
Mulhern, Francis 马尔赫恩，弗朗西斯 176
Murdoch, Iris: *The Time of the Angels* 默多克，艾丽丝：《天使之时》45
myth 神话
Idealism and religion of the senses 唯心主义与感性的宗教 56–62,64,69,70,120
and ideology 和意识形态 149,150
and Nietzsche's *Birth of Tragedy* 和尼采的《悲剧的诞生》133,163–4

Nancy, Jean-Luc 南希，让·吕克 97
nation-state as concept 作为概念的民族－国家 85–6
nationalism 民族主义 84–90,176–7,200
Nature 自然
and Enlightenment thought 和启蒙运动思想 17–18,27–8,60
and Romanticism 和浪漫主义 104–6,114–15

Spirit and German Idealism 精神和德国唯心主义 48
Nazism 纳粹主义 61–2,112,175,177
Neoplatonism 新柏拉图主义 37
Newman, John Henry, Cardinal 纽曼，约翰·亨利，红衣主教 30
Newton, Isaac and Newtonianism 牛顿，艾萨克和牛顿主义 9,17–18,35–6
Nietzsche, Friedrich Wilhelm 尼采，弗里德里希·威廉 8,42,66,160–7,170–2,175,207
atheism 无神论 151–2
aversion to conviction 对确信的厌恶 192–3,194
death of God and replacement 上帝及其替代者的死亡 155–9,161–2,164–7,188–9
and 'double truth' thesis 和“双重真理”理论 23–4,155
and Kierkegaard 和克尔凯郭尔 162–3
and Marx 和马克思 160–1,162,165,166–7,170
and modernism 和现代主义 180
and postmodernism 和后现代主义 185,188–9
religion and morality 宗教和道德 9–10
'slave class' in *The Birth of Tragedy*《悲剧的诞生》中的“奴隶阶级” 132–3,170
Novalis 诺瓦利斯 19,75,87,102,105,111–12
and the Absolute 和绝对 95–6,98

O'Brien, Flann: *The Third Policeman* 奥布莱恩，弗兰：第三个警察 187
Oldest Systematic Programme of German Idealism, The (anonymous treatise)《德国唯心主义最古老的系统纲领》，匿名 57

Original Sin 原罪 12–13,92–3,104,168
Ortega y Gasset, José 奥特加·伊·加塞特，约瑟 175
otherness as postmodernist cult 被后现代主义者狂热崇拜的差异性 190–1
Oxford Movement 牛津运动 111

Paine, Thomas 潘恩，托马斯 9,20
The Rights of Man《人权》28
pantheism 泛神论 18,27,28
Pascal, Blaise 帕斯卡尔，布莱兹 34,211–12*n*.49
Pater, Walter 佩特，沃尔特 79,109
Peacock, Ronald 皮科克，罗纳德 218*n*.6
Pearse, Padraic 皮尔斯，帕德里克 85,87
people *see* masses 人民参阅大众
perfectibility of humankind 人类的可完善性 14–15,17
Pocock, G.A. 波考克，G.A. 183
poetry 诗歌
and aesthetics 和美学 174
as republican speech 作为公众演讲 72
and Romanticism 和浪漫主义 100–1,104–5,108
as substitute for God 作为对上帝的替代品 180–1
politics and culture 政治和文化 123,175
and Arnold 和阿诺德 130–1,135–8,140
and Coleridge 和柯勒律治 80–3
cultural politics and postmodernism 文化的政治和后现代主义 175, 200,201

disinterestedness and wealth 无私和财富 84
and fundamentalism in late modernity 和晚期现代性中的原教旨主义 199–200
religion as supplement to political thought 宗教作为政治思想的补充 203–5
and Romanticism 和浪漫主义 110,112
and Schiller's aesthetic theory 和席勒的美学理论 72,74–80
see also 'double truth' thesis and masses; Marxism; nationalism; social cohesion and religion 另请参阅“双重真理”理论和大众；马克思主义；民族主义；社会凝聚力和宗教
Pope, Alexander 蒲柏，亚历山大 14,15
Postivism and Religion of Humanity 实证主义和人道教 144,145
postmodernism 后现代主义 181,185–92
and cultural politics 和文化的政治 175,200,201
culture and everyday life 文化和日常生活 184–5
and fundamentalism 和原教旨主义 202
post-structuralism 后结构主义 189,194
Price, Richard 普莱斯，理查德 41
Priestley, Joseph 普利斯特利，约瑟夫 9,14
progress 进步
and culture in modern age 和现代时期的文化 183–4
and Enlightenment thought 和启蒙运动思想 13–16
Protestantism 新教 43
as individualist faith 作为私人信仰 38,40,99,162–3
Toland's revolutionary views 托兰德的革命观 28–9
Proust, Marcel 普鲁斯特，马塞尔 181

psychoanalysis 精神分析 96,167,172–3,187
as substitute for religion 作为宗教的替代 45
see also Freud, Sigmund 另请参阅弗洛伊德，西格蒙德

radical thought and Enlightenment 激进思想和启蒙运动 18,27–8
Reason 理性
corporeal nature of human rationality 人类理性的物质性 203
and German Idealism 和德国唯心主义
gendered nature of 性别本质的 73
and myth 和神话 59–60,69,70,120
and the senses 和感性 56–62,64,69,70–80
and ideology 和意识形态 149–50
and morality 和道德 9–10,41–3
and the aesthetic 和美学 71,72–3,79,101
and tragedy 和悲剧 178
see also Enlightenment thought; science 另请参阅启蒙运动思想；科学
religion 宗教
and aesthetics 和美学 174
Arnold's 'recasting' for the masses 阿诺德为大众所做的“重塑” 133–42
and Enlightenment 和启蒙运动
destabilisation of religion 宗教的动摇 5,7–8
need for 'double truth' thesis “双重真理”理论的需要 20–6,28
rationalisation of 的合理性 6–7,9–12,30–2,33–43,147,200
war on institutional religion 对制度性宗教的战争 4,6,7,8,12,19–20
world-view of *philosophes* 启蒙运动思想家的世界观 9–11,16–

17,30,206
as enthusiasm 作为热忱 35,36
fundamentalism in late modernity 晚期现代性中的原教旨主义 3,196,197–202,206
and human desire for meaning 和人类对意义的欲望 155
and nationalism 和民族主义 84–5,89
persistence of divinity 神的坚持 45
relegation to private sphere in England 在英格兰划归到私人领域 1–3
and feeling 和情感 36,38–41,42
role in relation to science 与科学的联系中的作用 148
and social cohesion 和社会凝聚力 146–7,163
substitutes for in modern age 现代时期的替代 45–6
art 艺术 68,80,180–1,200
culture 文化 45–6,61–2,68,69,80,120–2,123–42,181
industrial capitalism and symbolic sphere 工业资本主义和象征领域 62–4,78–9
Marxism 马克思主义 88,90,160–1,162
mythology and Idealism 神话和唯心主义 57–61,69,70,80,120
postmodern spirituality 后现代的精神性 191–2
Romanticism 浪漫主义 116
see also God: death of God and substitutes for; humanity as substitute for religion 另请参阅上帝：上帝之死及其替代；人作为宗教的替代
as supplement to political thought 作为政治思想的补充 203–5
vagueness in modern age 现代时期的含糊不清 44
see also Christianity; God 另请参阅基督教；上帝

Religion of Humanity 人道教 44–5,142–6,151–2,160
republics 共和政体 72,74–5,106,110
Richards, I.A. 理查兹，I.A. 180
Richardson, Samuel: *Clarissa* 塞缪尔，理查德森:《克拉丽莎》15
Rilke, Rainer Maria 里尔克，莱纳·玛利亚 181
Robbins, Bruce 罗宾斯，布鲁斯 119,158
Roberts, David 罗伯茨，大卫 67
Robinson, Henry Cross 罗宾逊，亨利·克罗斯 82
Roman Catholicism 罗马天主教 85,145
Roman Republic 罗马共和国 106
Romanticism 浪漫主义 38,92,93–4,95–118,151,200
  contradictory nature 矛盾的性质 110–11,115–16
  German *Frühromantiker* 德国早期浪漫主义 111–12
  Hellenism 希腊文化 106–9,110
  and nationalism 和民族主义 84–9
  and rationality 和理性 32,33
  Romantic imagination 浪漫主义想象 101–6,115
  and social background 和社会背景 19
  social and historical context 社会和历史环境 112–15
  and tragedy 和悲剧 93
Rorty, Richard 罗蒂，理查德 186
Rousseau, Jean-Jacques 卢梭，让·雅克 9,19,38,39,167–8
Rushdie, Salman 拉什迪，萨尔曼 181–2

Saint-Simon, Claude Henri de Rouvroy, Comte de 圣西门，克劳德·昂立 62,144–5

Schelling, Friedrich 谢林，弗里德里希 55,57,66,82,94,98
art and philosophical consciousness 艺术和哲学意识 53–4
on freedom 论自由 50–1,179
and myth 和神话 58,59,60,61,107
philosophy of Nature 自然哲学 47,48,105,167
Schiller, Friedrich von 席勒，弗里德里希·冯 19,83,105,107,169,175,176
low expectations of masses 大众的低估 22–3
and nationalism 和民族主义 86
and Reason and the aesthetic 和理性及美学 69–80
Schlegel, Friedrich von 施莱格尔，弗里德里希·冯 51,57,78,95,111–12,142,168
and art of ancient Greece 和古希腊艺术 107,108–9
art and desire 艺术与欲望 97–8
and culture and the state 和文化及国家 83
poetry as republican speech 作为公共演讲的诗歌 72
Schleiermacher, Friedrich Ernst Daniel 施莱尔马赫，弗里德里希·恩斯特·丹尼尔 38,51,58,99–100,102,111
Schmitt, Carl 施米特，卡尔 111,113,192,214*n*.1
Schopenhauer, Arthur 叔本华，阿图尔 13,97,152–5,166–7
science 科学
and culture 和文化 167
and ideology 和意识形态 149–50
and Religion of Humanity 和人道教 144–5
and role of religion 和宗教的作用 148
Spirit and Nature in Enlightenment thought 启蒙运动思想中的精神和

自然 17–18,27–8
Scottish Enlightenment 苏格兰启蒙运动 9,27
Scruton, Roger 斯克鲁顿，罗杰 204
secularisation in modern age 现代时期的世俗化 1–2
Man and Religion of Humanity 人和人道教 44–5,142–6,151–2,160
and problem of morality 和道德的困境 42–3
religion as supplement to political thought 宗教作为政治思想的补充 203–5
and rise of middle classes 和中产阶级的崛起 7–8
see also atheism; German Idealism; nationalism; religion: substitutes for in modern age 另请参阅无神论；德国唯心主义；民族主义；宗教；现代时期的替代
self *see* subjectivity 自我另请参阅主体性
self-interest 自私
and common good 和公共利益 14,140
culture and countering of 文化和……反击 77–8,139
disinterestedness and wealth 无私与财富 84
religion and strategic virtue 宗教和策略性美德 25
Seneca 塞内卡 10
sentimentalism and religion 感伤主义和宗教 36,38–40,41
sexuality as private concern 作为私人事务的性 2,3
Shaftesbury, Earl of 夏夫兹伯里，伯爵 3,9,11,25,37,84,106
Shelley, Percy Bysshe 雪莱，珀西·比希 78,94,101,111
Simmel, Georg 西美尔，格奥尔格 169
Simpson, David 辛普森，大卫 13
Situationism 境遇主义 175

Skinner, Quentin 斯金纳，昆廷 140
Smith, Adam 斯密，亚当 14,183
social class 社会阶级
and Arnold's theory of culture 和阿诺德的文化理论 129–30,132,139
and Enlightenment thinkers 和启蒙运动思想家 18–20
and German Idealists 和德国唯心主义者 19,66,81–2
Nietzsche's 'slave class' 尼采的“奴隶阶级”132–3,170
and Romantic thinkers 和浪漫主义思想家 19,108
see also masses; middle classes 另请参阅大众；中产阶级
social cohesion and religion 社会凝聚力和宗教 146–7,207
irrelevance for Nietzsche 对尼采而言无关紧要 162–3
social reform and Arnold 社会改革与阿诺德 124,125,139
Sorel, Georges 索雷尔，乔治 66,149
Southey, Robert 骚塞，罗伯特 112
Spencer, Herbert 斯宾塞，赫伯特 142,167
Spinoza, Baruch 斯宾诺莎，巴鲁赫 8–9,14,18,21,43,58,105
Spirit (*Geist*) 精神
and German Idealism 和德国唯心主义 46,47,51,56,94
and Nature in Enlightenment thought 启蒙运动思想中的自然 17–18,27–8
spirituality in postmodern culture 后现代文化的精神性 191–2
sport as substitute for religion 运动作为宗教的替代 45–6
Spufford, Francis 斯普福特，弗朗西斯 204
Steiner, George 斯坦纳，乔治 175,204
Stephen, Leslie 斯蒂芬，莱斯利 214*n*.1
Sterne, Laurence 斯特恩，劳伦斯 39–40

Stevens, Wallace 史蒂文斯，华莱士 180
Stirner, Max 施蒂纳，麦克斯 215*n*.19
Stoicism 斯多葛学派 10
Strauss, Leo 施特劳斯，列奥 155–6,207
structuralism 结构主义 167
subjectivity 主体性
and German Idealism 和德国唯心主义 49–55,95–6,97
and ideology in Althusser's view 和阿尔杜塞的意识形态观念 148–50
and postmodernism 和后现代主义 189,192
and Romanticism 和浪漫主义 96,97,101–2
Schopenhauer's negative view 叔本华的消极观点 152,153
sublime, the 崇高 35,41,73
Surrealism 超现实主义 45,184
Swift, Jonathan 斯威夫特，乔纳森 13,15,23,32,210*n*.15
symbolic sphere 象征领域
and German Idealism 和德国唯心主义 67–8
and industrial capitalism 和工业资本主义 62–4,78–9
privatisation of 私有化 2,3

Taylor, A.J.P. 泰勒，A.J.P. 193
Taylor, Charles 泰勒，查尔斯 21,143,193
theism 有神论 9
theodicy 神义论 14,100,127,166,178
Thomas Aquinas, St 托马斯·阿奎那，圣 203
Thomas, Paul 托马斯，保罗 83
Thomason, Ann 托马斯，安 210*n*.13

Tieck, Johann Ludwig 蒂克，约翰·路德维希 19,65
time and modernism and postmodernism 时间及现代主义和后现代主义 187–8
Tindal, Matthew 廷德尔，马修 9,11
Tocqueville, Alexis de 托克维尔，亚力克斯·德 175
Toland, John 托兰德，约翰 9,21–2,28–9,31,206
tragedy 悲剧 93
 and modernity 和现代性 177–9
 and Nietzsche 和尼采 132–3,163–4,170–2
 and postmodern world 和后现代世界 185–7
transcendence 超验
 and art in modern age 和现代时期的艺术 181–2
 Spirit and German Idealism 精神和德国唯心主义 46–7,51,56
 and spirituality in postmodern culture 和后现代文化中的精神性 191–2
Trilling, Lionel 特里林，莱昂内尔 141
truth 真理
 as antithesis to aesthetic in Nietzsche 在尼采那里作为美学的对比 163–4
 and Reason 和理性 33
 see also ‘double truth’ thesis and masses 另请参阅“双重真理”理论和大众
Turgot, Anne Robert Jacques 杜尔哥，安·罗伯特·雅克 14
Turner, Frank M. 特纳，弗兰克·M. 106–7,108

Utilitarianism 功利主义 27,34,115

Virtue 德行
corruption by religion 被宗教腐化 25
and Enlightenment thought 和启蒙运动思想 13
and feeling and religion 和情感及宗教 39–40,41
Hellenic virtues 希腊德行 108–9
see also morality 另请参阅道德
Voltaire 伏尔泰 3,9,15,18,23,24,28,206

war on terror 反恐战争 197,201–2,206
Ward, Mrs Humphry: *Robert Elsmere* 沃德，汉弗莱夫人：《罗伯特·埃尔斯米尔》139
Weber, Max 韦伯，马克斯 1–2,155–6
Wernick, Andrew 维尼克，安德鲁 146,158,192
Wilde, Oscar 王尔德，奥斯卡 78,108,155,193
Williams, Raymond 威廉斯，雷蒙 116–17
Wittgenstein, Ludwig 维特根斯坦，路德维希 27,48,100,148,153,175,193
Wollaston, William 渥拉斯顿，威廉 42
women and Schiller's aesthetic theory 女性和席勒的美学理论 73
women's movement 女权运动 3
Woolf, Virginia 伍尔夫，弗吉尼亚 181
Wordsworth, William 华兹华斯，威廉 87,101,104–5,112,115

Yeats, W.B. 叶芝，W.B. 79,104,109–10,175,182,187,193

Žižek, Slavoj 齐泽克，斯拉沃热 158,204

作者简介

特里·伊格尔顿，英国著名文学理论家、文化批评家。曾长期任教于牛津大学，现为英国兰卡斯特大学英国文学杰出教授。自1960年代至今，已出版著作数十种，涉及文学理论、后现代主义、政治、意识形态和宗教等领域。代表作有《二十世纪西方文学理论》《审美意识形态》《文学事件》《英国现代长篇小说导论》《马克思为什么是对的》等。

译者简介

宋政超，哲学博士，上海大学马克思主义学院教师，主要研究方向为西方马克思主义美学、当代法国哲学。